オンライン研修
アクティビティ

エンゲージメントが飛躍的に高まる学習テクニック

ベッキー・パイク・プルース 著

中村文子 監訳

足立美穂 訳

日本能率協会マネジメントセンター

　本書の著書であるベッキー・パイク・プルースは、「参加者主体の研修手法」を開発したボブ・パイク氏の娘であり、ボブ・パイク・グループの後継者です。いつも明るく、ポジティブなエネルギーにあふれ、とても想像力豊かで魅力的な方です。

　研修やカンファレンスでは、ベッキーの講座はいつもそんなベッキーのポジティブなエネルギーにあふれています。そしてそれは、オンライン上でも発揮されるのです。

　日本ではこれまで、オンライン研修のニーズがあまり高まっていなかったので、こうしたノウハウはほとんど入ってきていなかったように思います。
　ですが、地理的に分散していて広いアメリカでは、もう10年以上前からオンライン研修は定番でした。
　ベッキーは、本書の初版を10年以上前に出版しています。そんなベッキーの豊富な経験とクリエイティブなノウハウを、このたび日本にお届けできることをとても嬉しく思っています。

　ベッキーは、本書の日本語版を出版するにあたり、忠実な翻訳ではなく、日本の読者に合わせてカスタマイズすることを承認してくれました。変更・追加などの修正に関して、私に一任すると言ってくれたのです。
　その寛大なサポートに心から感謝しつつ、日本のみなさまにとって役に立つ内容に仕立てようと努めました。

　参加者を巻き込んで、楽しく学べるアイデアが欲しい時、本書を手に取り、ぱらぱらとめくってください。書かれている内容をそのまま行うのも良いですが、みなさんご自身の研修や授業の内容に合わせてカスタマイズしてお使いになることをお勧めします。

・・・・・・・・・・・・・・・・・・・・・・・・・・・・・・・・・・・・

　ぱらぱらとめくって見ているだけで、新しい独自のアイデアがひらめくことも、きっとあると思います。

　私自身もそんな経験が多くあります。

　参加者のことを思い浮かべ、アクティビティの内容を工夫し、スライドをつくったりしている準備の時間が、私はとても楽しく、大好きです。

　みなさんにもそんな風に楽しんでいただけたら光栄です。

2021年3月

ダイナミックヒューマンキャピタル株式会社

中村文子

＊本書の第3章では、研修に利用するためのアクティビティとして、フォーマットやスライドなどを参考にしてお使いいただくことができます。しかし、他の章および研修への利用以外の用途での複写複製等は、法律で認められた場合を除き、著作者および出版者の権利の侵害となりますので、あらかじめ許諾を求めてください。

＊本書は、著者の意向を受けて、日本の現状に合わせて原著より改変を行なっています。

＊訳注は、監訳者・訳者による注であり、理解を補足するために掲載しています。また、第3章の「活用例」は、日本における研修でアクティビティを利用しやすくするという目的のもと、訳者が追加を行なったものです。

「はぁー盛り上がった」
「はぁー疲れた」

　研修会場からの帰り道で、出てくる言葉。オンラインでの研修でも同じ言葉がパソコンのモニターの前でつぶやかれているのではないでしょうか。

「今日の・・・って明日の仕事に活かせそうだな」
「今日の内容、・・・さんにシェアしたいな」
「充実した３時間だったなあ」

　そんな感想はどのくらいの割合で発生しているのでしょうか。

　著者のベッキーは、オンライン研修の大ベテランです。この本では、うまくいった経験と失敗した経験から培ったノウハウを惜しみなく紹介してくれています。

　アクティビティというと「盛り上がるためのアイデア」と捉えられることもあるのですが、研修の内容を理解してもらうために、そして定着させ、活用してもらうためには欠かせないものと彼女は位置づけています。
　そして10年以上の期間で彼女が試し、そしてブラッシュアップしたアクティビティは、日本においても様々な研修の場面で活用できるものです。

　この書籍に書かれているものをそのまま利用するだけでなく、ぜひご自身の提供する研修に当てはめて活用してみてください。

・新入社員研修
・営業研修
・接客研修

・開発スキル研修
・キャリア研修
・MR育成カリキュラム
・リーダーシップカリキュラム

　などなど、挙げればきりがありませんが、アクティビティを盛り込むことによって、場の活性化はもちろん、参加者自身が研修でのインプットに前向きに取り組む状態を実現しましょう。

「あーもう頭が働かない！」
「何をやっているのかわからなくなってきた！」

　そんな状態を変換するのは難しいと思われるかもしれませんが、逆にその転換をイメージしてアクティビティを準備しましょう。
　あなたが実現したい参加者の状態はどんな状態ですか？

「さっき学んだ内容を自分に当てはめるとこういうことかな」
「学んだことを更に深めたいな・・・本を一冊読んでみようかな（本を探す）」
「情報交換をもっとしたいな」

　そのためのアクティビティが見つかりますように。

2021年3月
足立美穂

・・・・ はじめに ・・・・・・・・・・・・・・・・・・・・・・・

　本書の初版がウェビナー（オンライン研修）デビューしたばかりの10年以上前に出版されているとは驚きです。WOWな要素（楽しい驚き）を取り入れたウェビナーのテクニックをまとめた本書は、ウェビナーに関する私の最初の本です。

　ちょうど昨日、参加者から次のようなメールが届きました。
「私はいつもあなたの本をそばに置いています。この本なしでは何をすればいいのかわかりません」

　私がこの第２版を書いている今、世界はCOVID-19の影響を受けており、ウェビナーはあっという間に必要不可欠なものになりました。教員、講師、講演者、専門家、コーチ……すべての人が、このような大規模なシフトに備えるための時間はほとんどなく、オンラインに移行しました。

　2019年12月、Zoomは毎日1,000万人の会議参加者がいたと報告しました。そのわずか４ヶ月後、毎日３億人以上がZoomを使用していたといいます。この突然の変化は、この本をバージョンアップさせる絶好の機会だと考えました。

　私は2000年代初頭にターゲットコーポレーションのウェビナーのデザインを始めました。当時、ウェビナーのデザイン方法や配信方法を学ぶためのテキストはありませんでした。ですので、これは、必然的に学んだ新しい方法でした。この本の初版は、ウェビナーのトピックに関する最初の本のひとつであり、エンゲージメントを高めて参加者の体験を向上させるために、４分ごとの双方向性を中心に設計された唯一の本です。

　オンラインが主流になった頃は、講義中心かほとんど対話のない「読書」のような研修が大半でした。そして徐々にオンデマンド（非同期型）学習がトレンドになっていったのです。

　その結果、よほどセルフマネジメントに長けているか、昇給・昇進に必須の場合を除いて、オンライン学習を完了する人はほとんどいないという

現実に直面しました。

　そして、ウェビナー（同期型学習、バーチャルトレーニング）と呼ばれる中間点が出現し、オンラインのメリットと対面型のメリットを組み合わせてデザインされるようになりました。そのようなウェビナーは、オンデマンドの録画よりも人気が出てきました。

　私の最初のウェビナーは、当時もっとも堅実なプラットフォームだったElluminateを用いたものです。このプラットフォームには、エンゲージメントを高めるため、競合他社よりも5年早く音楽やビデオをストリーミングするためのツールが組み込まれていました。

　今日では、同期的に実施するための何百ものプラットフォームがあり、すべてにエンゲージメントのためのさまざまなツールが含まれています。

　リモートトレーニングの時代から、世界中に広がるインタラクティブで魅力的なウェビナーまで、私たちは長い道のりを歩んできました。時々、接続の問題がまだ起きますが、私たちは「オンラインプラットフォーム」という特権を得たのです。

　本書では、それをさらに効果的に活用するためのアイデアをみなさんと共有していきますが、そのことをとても嬉しく思います。

　みなさんがさらに大きな影響を与える可能性に期待しています。

2021年3月

ベッキー・パイク・プルース

CONTENTS

第1章 オンライン研修におけるアクティビティ

1-1 オンライン研修の基本

1-2 オンライン研修の準備

1-3 参加者主体の研修とアクティビティ

第2章 オンライン研修のテクノロジーとツール

2-1 配信側の環境

2-4 配付資料

第3章 オンラインアクティビティ集

第4章 オンライン研修におけるデリバリー

4-1　パワフルなプレゼンテーションのコツ

○パワフルなプレゼンテーションを行うために　249
オンライン研修をパワーアップさせるコツ

○プレゼンテーションのポイント　250
ポイント1　とにかく準備する　／　ポイント2　全体の流れ　／　ポイント3　深呼吸する　／　ポイント4　参加者を想像する　／　ポイント5　ユーモアを忘れずに　／　ポイント6　タイムマネジメント　／　ポイント7　専門用語　／　ポイント8　自分らしくすること　／　ポイント9　バーバルとノンバーバル　／　ポイント10　論理的に話す　／　ポイント11　質疑応答　／　ポイント12　柔軟性　／　ポイント13　参加者を巻き込む　／　ポイント14　参加者の状態を把握する　／　ポイント15　何も食べない　／　ポイント16　テクニカルな問題を減らす　／　ポイント17　ノイズを減らす　／　ポイント18　気晴らしに行うことをやめる

4-2　デリバリー

○オンラインで必要なデリバリースキル　270
オンライン配信のために必要なスキル　／　パフォーマンスのポイント

○表情　272
講師の表情が参加者に与える影響

○目／アイコンタクト　273
画面に映る参加者ではなく、カメラを見て話す

○声　274
声によって参加者を引きつける　／　プロデューサーの協力を得る

○ジェスチャー　276
手のジェスチャーを活用する　／　ジェスチャーをする際の注意点

○カメラ映り　278
カメラ映りへのアドバイス

4-3 よくあるミス

第 1 章

オンライン研修における
アクティビティ

1-1

オンライン研修の基本

　日本で急激にそのニーズが高まるオンライン研修。しかしアメリカでは、遠隔地での研修は決して少なくはなく、著者も10年以上の経験があります。

　そうした豊富な経験から考えると、オンライン研修とはどのようなものなのでしょうか？　また、どのようなテーマだと、オンラインで研修が行えるのでしょうか？　対面での研修でなければ難しいテーマはあるのでしょうか？

　本書のスタートとして、まずはそうした基本的な考え方を確認していきましょう。

本項の Key word

「オンライン研修」
「対面での集合研修」
「同期」
「非同期」

オンライン研修のベストプラクティス

アメリカにおけるオンライン研修

オンライン研修と言えば、スライドと講師の映像が画面に映し出され、講師の講義を聞きながら時折、チャットにコメントを書き込んだりするもの……そんな経験をされている方、それがふつうだと思っている方も多いことかと思います。

ですが、はたしてそれが、オンライン研修のあるべき姿でしょうか。

2020年春、突如日本で必要になった研修のオンライン化に、なんとか環境を整え、試行錯誤で乗り越えた方も多かったことでしょう。

一方、著者（ベッキー）の国アメリカでは、事情は異なります。

著者がはじめてオンラインでセミナーを行ったのは、2008年でした。もちろんオンライン研修の歴史はそれより長く、人材開発に関する世界的な機構であるATD（Association for Talent Development）が毎年開催するカンファレンスでも、人気のテーマのひとつです。

アメリカは、日本より地理的に広く、東京のようにどこかに一極集中しているわけではありません。そのため、どこかの都市で集合研修を行うとなると、他の州から飛行機に乗る移動を伴って参加者が集まることが必要になります。

こうした事情から、当然のことながら、**研修の効率を高めるためのオンライン化のニーズが高まる**わけです。

このような環境の中、アメリカではオンライン研修は発展を遂げてきま

した。

　完璧なオンライン研修の定型パターンというものこそ存在はしませんが、「ベストプラクティス」と言えるものは存在しています。

　また、著者自身もオンライン研修について、多くの経験を積んできました。

訳注）

1　原書では、Virtual Training（オンライン研修）とWebinar（ウェビナー：
　　参加者の顔や声は出せない設定が一般的）の両方をWebinarと表現していま
　　すが、本書では「オンライン研修」としています。

2　本書では、「オンライン研修」を「参加者と講師が同時に参加する、
　　インターネット上で行われる研修（同期）」として定義しています。

3　講師と参加者が同時に参加せず、オンデマンドのコンテンツなどで個
　　別に学習するものを「非同期」と定義されます。

「オンライン研修」は目的達成に最適なアプローチなのか

　オンライン研修は、「対面での集合研修ができないから、仕方なく行うもの」ではありません。また、オンライン研修は素晴らしいツールですが、対面での集合研修に完全にとってかわることはできないということも忘れないでください。

　オンライン研修が目的・目標達成に最適なアプローチであるかどうかを判断することが重要なのです。

　効果的な学習デザインおよびウェビナー開発者の1人であるウィリアム・ホートンは、次のように述べています。

　「オンラインでテストができれば、オンラインで教えることができます」

　オンライン研修を企画する際、一歩下がって、研修で扱おうとしている内容についてオンラインでテストができるかどうかを確認しましょう。

　それが不可能な場合は、「オンラインで配信すれば情報共有はできるから」といった安易な理由だけで、研修の企画を進めたりせず、実施を見送ったり、もしくは対面での集合研修など他の解決策を検討したりしましょう。

　オンライン研修が最適な解決策であると判断できてはじめて、そこから研修デザインのプロセスを開始するのです。

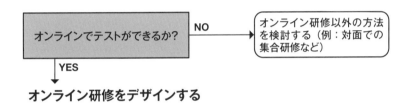

オンラインで教えられる要素、教えられない要素

　たとえば、料理はオンラインで教えられるでしょうか？

　レシピを学ぶことはできますし、下ごしらえ、調理方法なども動画やライブ配信などで学ぶことは十分できます。そして、筆記試験で知識はテストできますし、調理の実技についても動画やライブ配信でテストすることは可能です。

　ですが、味を含む料理の出来栄えはオンラインでは確認できません。残念ながら今のテクノロジーでは、味や香りを届けることはできません。香りや食感などを含め、味が合格かどうかは、やはり対面でテストする必要があります。

　つまり、「料理」とひと言でまとめても、オンラインで教えられる要素と、オンラインでは教えられない要素があるのです。

　そのため、たとえばレシピや調理方法については、テキストやオンライ

ン学習で学び、その後に料理の実習は対面で行う、というデザインが考えられます。

このように、研修で扱いたい内容のうち、「**どの内容はオンラインで実施すべきで、どの内容は対面で行うのが良いのか」を明確に区別する**ことが大切です。

研修を企画する際、すべてをオンライン、もしくはすべてを対面での集合研修と考えるのではなく、**両方の利点をうまく活かして、組み合わせで考える**のです。

1-2

オンライン研修の準備

　効果的なオンライン研修を行うために欠かせないものがあ
ります。それは、事前の準備です。

　何事においてもそうであるように、オンライン研修におい
ても綿密な準備が必要となります。オンライン研修は、対面
での集合研修よりも、その場での臨機応変な対応が難しいた
め、より事前の準備の重要性が増すとも言えるでしょう。

　準備不足だとどういう事態に陥りかねないのかを確認した
うえで、準備すべきポイントを検討していきましょう。

本項の Key word

「準備」
「ツール」
「テクノロジー」
「デザイン」
「アクティビティ」

効果的なオンライン研修のために

オンライン研修には「準備」が欠かせない

　では、オンライン研修を効果的に行うために、何が必要でしょうか？
ひと言で言うと、「準備」に尽きます。

　私の経験では、失敗したオンライン研修のほとんどは、準備段階のプロセスの欠落が原因でした。

　オンライン研修で、準備が不足するとどのようなことが起きるでしょうか？

準備不足のケース１　そもそもニーズに合ってない

　ニーズ分析をもとにした企画がしっかりできていないと、「用意した内容が、参加者が学びたいこととはずれている」ということが起きます。「期待していた内容ではなかった」「もっと○○な話が聞きたかった」などという反応になってしまいます。

　オンラインの場合、参加者の表情が見えにくいため、講師が途中で気づいて軌道修正することが難しいという難点があります。
　このような的外れな内容で研修をデザインしてしまうと、途中で退出する人や、流しっぱなしにして他の仕事をする人などを多く生み出してしまうことになるのです。

準備不足のケース2　参加者のことを把握していないので、使うツールの レベルが合ってない

その研修に参加する人のオンライン研修経験はどれくらいでしょうか？ インターネット環境は整っているでしょうか？

慣れていない人が多い、あるいは、環境に不安があるような参加者の場合、シンプルなツール（チャットや音声など）をメインに計画しておくのが無難です。使用するプラットフォーム（Zoomなど）に標準で備わっている投票機能なども比較的抵抗なく使えますが、外部アプリケーションを使ったり、ましてや事前にダウンロードやアカウント作成などが必要だったりするものなどは、参加者のオンライン経験のレベルによっては、混乱を招く要因になります。

準備不足のケース3　講師がテクノロジーを使いこなせていない

言うまでもありませんが、オンライン研修で使う予定のプラットフォームやツールについて、講師はスムーズに操作できるよう練習しておくことは必須です。リハーサルも欠かせません。

他の人が使っているのを見て、簡単そうだと思って、練習せずに当日を迎えたけれど、いざ操作しようと思ったらうまくいかない、などという事態は避けなければいけません。

準備不足のケース4　一方的にしゃべるだけ

もっとも準備の必要がないインストラクショナルデザインは、講師が「自分のもっている知識を使って、話す」という進め方です。

オンライン研修で、講師の話をずっと聞いているだけであれば、同期で行う（集合して行う）の必要はあるでしょうか？

非同期の動画による学習でも良さそうです。

こうした退屈なオンライン研修を行ってしまうと、やはり、途中で退出

する人や、流しっぱなしにして他の仕事をする人などが多く出てしまいます。

準備不足のケース5　自分の言葉に落とし込めていないので、棒読み

　使うプラットフォームやツールなど、テクノロジーの習得にばかり意識が向き、準備の段階で内容がおろそかになると、起きてしまいがちな事態です。たとえカメラをオフにしていたとしても、原稿を読んでいる講師の姿は伝わるものです。

準備不足のケース6　プロデューサーなどとの連携ができてない

　オンライン研修では、テクノロジー周りのサポートをしてくれるプロデューサーという役割の人と、講師がチーム体制で行うことが望ましいでしょう。
　チームとして成果を出すために、誰がどのタイミングで何をするか、綿密な計画と打ち合わせが大切です。たとえば、「録画のオン・オフはどのタイミングで誰がするのか」「アクティビティで使用するホワイトボードは誰が出すのか」などについて事細かに決めておくことで、スムーズでストレスのない運営ができます。

準備不足のケース7　話し方に自信がない

　ここまで述べてきたような準備がきちんと整っていると、研修当日は自信をもって挑むことができるでしょう。参加者とやり取りをしながら、講師自身も楽しんで研修を行うことが可能になります。**楽しさは伝染します。**
　一方、**不安や退屈も同様に伝染するのです。**

効果的なオンライン研修のために必要な３つの準備

　こうした事態を避け、オンライン研修を効果的に行うための準備は、大きく以下の４つに分類できます。

POINT!

◎**効果的なオンラインを行うための準備**

1. 話を聞くだけの受け身な学びではなく「参加者主体」のデザインにすること
　→第１章で解説、アクティビティは第３章で解説
2. １のデザイン、アクティビティをプロデューサーと連携して運営すること
　→アクティビティの分担は第３章で解説、プロデューサーの役割・仕事については第４章で解説
3. テクノロジーを使いこなせること
　→第２章で解説
4. オンライン上での話し方などデリバリーが効果的であること
　→第４章で解説

本書ではそれぞれ、上記の章で紹介します。

1-3

参加者主体の研修とアクティビティ

　1-2で紹介したような「準備不足」の状況に陥らないために、一体何をすればいいでしょうか？　本書でまずお伝えしたいのは、「研修デザイン」です。効果的なデザインができているかどうかは、研修の効果に大きな影響を及ぼすのです。

　以下では、研修デザインのエッセンスを見ていきましょう。

　＊研修デザインについてより詳しく学びたい方は、『オンライン研修ハンドブック』（日本能率協会マネジメントセンター刊）を参照してください。

**本項の
Key word**

「参加者同士の対話」
「参加者全員の巻き込み」
「90／20／5の法則」

参加者主体の学びをデザインする

参加者を退屈にさせないためには

　オンライン研修では、講師の一方的な講義が長くなると、参加者は退屈しやすくなります。退出したり、映像や音声を流しっぱなしにして他の仕事をしたりしやすくなるのは、前述の通りです。
　対面での集合研修であれば、退屈そうにしていたり、寝ていたりするとバレますが、オンライン研修ではカメラをオフにしているとバレません。

　一方的な講義に偏重せず、参加者を巻き込んで研修を行うには、どのようなデザインにするのが良いのでしょうか。

参加者主体の学びを促す

　図１は、講師が一方的に話をして、参加者は聞いているという受け身の状態が続いている様子です。

　図２は、講師から参加者に問いかけ、指名をしたりして、誰かが発言をする、あるいは１人の参加者が挙手などで発言をしている図です。

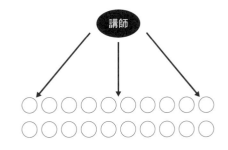

図1　講師から参加者への一方的な講義

　これは双方向なやり取りが生まれているので良いと思う方もいるかもしれません。

しかし、講師対１人の参加者での対話ですので、他の参加者はやはり聞いているだけなのです。

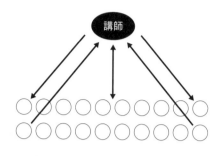

図2　講師と1人の参加者の対話

参加者主体の研修での講師と参加者の関わり方は、図3が表している通りです。

講師は参加者に問いかけ、個人で考え、考えたことを少人数のグループで共有したり、あるいはオンライン上のツール（たとえばチャット）を使って全体で共有したりしているイメージです。

図２と大きく違うのが、**全員を巻き込んでいる点**と、**参加者同士が対話をしている点**です。

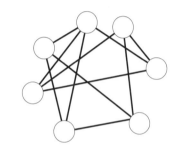

図3　参加者同士の対話

参加者主体の研修では、図3の参加者同士の対話をとても重視しています。

人は、情報を受け取るという受け身の学び方より、自分で考えたり話したりするという主体的な学び方をしたほうが、記憶に定着したり、納得したりするのです。

何か新しいことを学ぶ際、講師から説明を聞くという受け身の学び方ではなく、次のようなさまざまな方法で「参加者主体」にすることが可能です。

第３章では、そのような参加者主体の学びを実現するのに役立つアクティビティをご紹介しています。

POINT!

◎**参加者に主体的に学んでもらう方法例**

・自分たちで調べる
・調べた内容を検証しその活用方法を考える
・ケーススタディに取り組む
・課題解決に取り組む
・情報を活用して何かを創造する　など

参加者主体のオンライン研修をデザインする

参加者主体の研修理論では、具体的に以下のようにオンライン研修をデザインします。

「90/20/5」の法則

大人は、約90分間は理解力を保って話を聞くことができますが、**90分で物理的に休憩が必要**になります。

また、最大20分間記憶に保持しながら話を聞くことができますが、20分ごとに変化が必要です。これに基づいて、**情報を20分のセグメントに分割し、次の20分では内容や進め方を変化させます**。

また、次の新しい情報を吸収するために、**直前の20分を振り返る時間が必要**です。

この振り返りは、講師が重要ポイントをリピートするのではなく、参加者主体の方法で行います。たとえば、20分でカバーした内容を振り返り、重要ポイントを3つ書き出す、自分の言葉で整理するなどです。

このように**参加者主体で行う振り返り**を、**リビジット**と呼びます。

また、脳が退屈しないよう、**5分ごとに参加者の参画を促します**（訳注：ボブ・パイク氏のオリジナルの考えでは、「90／20／4」ですが、著者はそれを発展させ、「90／20／5」としています）。

オンライン研修では、次のようなインタラクティブなツールを使用して、多様性を追加することにより、参加者の注意を引きつけます。

◎**参画の方法（例）**
- ●投票
- ●グループディスカッション
- ●ブレーンストーミング
- ●ビデオ
- ●ゲーム
- ●その他アプリケーションの活用など

このようにオンライン研修をデザインしていくわけですが、20分ごとのリビジット、そして5分ごとの参画の際に行うアクティビティも第3章で数多くご紹介しています。

この法則を活用したオンライン研修のデザインの例とテンプレートを、33ページ、35ページでご紹介します（ここで紹介しているのは、コースとして設定されているオンライン研修のサンプルです）。

研修デザインについてさらに深めたい方へ

本書は、**オンライン研修を効果的に運営するための「アクティビティ」**やその他、**デリバリーや運営の「テクニック」**を中心に紹介しています。そのため、研修デザインについての解説は、必要最低限に留めています（ただし、必要最低限とは言え、ここまでに紹介してきた2つのポイントを実践するだけで、学習効果を向上させることができるでしょう）。

「研修デザイン」（インストラクショナルデザイン）について、さらに深めたい方、背景にある理論やここで紹介したもの以外の実践法をつかみたい方は、『研修デザインハンドブック』『オンライン研修ハンドブック』（日本能率協会マネジメントセンター刊）を参照することをお勧めします。前者は、対面での研修を前提としたインストラクショナルデザイン全般について、後

者は、特にオンライン研修におけるインストラクショナルデザインについて基本理論と実践法がまとめられています。本書とあわせて活用することで、学習効果をさらに高めることができるでしょう。

◎１時間のオンライン研修のデザイン例

講師のチェックリスト		
研修前	研修中	研修後
□ 資料をアップロードする	□ 音声、ファイル、リンクをテストする	□ 録画をアップロードする
□ 研修予定をプラットフォームに登録する	□ 30分前よりもはやくログインする	□ アンケートのリンクが含まれたフォローアップメールを送る
□ リンクを含んだ研修案内を参加者に送信する	□参加者側の状態を見るためにパソコンを2台用意する	□ 提出された課題をチェックする
□ スライドを作成する	□ 録画する	□ クラスの間にマイクロラーニングをりようする
□ アンケートを作成する	□ 開始時刻の5分前にソフトオープニングをスタートする	□ 課題の提出を確認し、忘れている人にメールをする
	□ 参加者に楽しんでもらい、飽きさせない	□ すべてのフォローアップを完了する

研修のチェックリスト			
時間	CPR-かたまり	インタラクションの種類	スライド／ツール
-0.05 - 0.00	ソフトオープニング		
0.00 - 0.04	オープニング		
0.04 - 0.08	アジェンダ・目的		
0.08 - 0.12	コンテンツ		
0.12 - 0.16	アクティビティ		
0.16 - 0.20	コンテンツ		
0.20 - 0.24	アクティビティ		
0.24 - 0.28	コンテンツ		
0.29 - 0.32	リビジット		
0.32 - 0.36	コンテンツ		
0.36 - 0.40	アクティビティ		
0.40 - 0.44	コンテンツ		
0.44 - 0.48	アクティビティ		
0.48 - 0.52	Q&A		
0.52 - 0.56	リビジット		
0.56 - 1.00	クロージング		

◎ 80 分のオンライン研修のデザイン　テンプレート

講師名	
コース名	
研修のテーマ	
研修名	
場所	
日時	

開始	終了	時間	内容	ツール
8:00	8:05	0:05		
8:05	8:10	0:05		
8:10	8:15	0:05		
8:15	8:20	0:05		
8:20	8:25	0:05		
8:25	8:30	0:05		
8:30	8:35	0:05		
8:35	8:40	0:05		
8:40	8:45	0:05		
8:45	8:50	0:05		
8:50	8:55	0:05		
8:55	9:00	0:05		
9:00	9:05	0:05		
9:05	9:10	0:05		
9:10	9:15	0:05		
9:15	9:20	0:05		
合計		1:20		

◎ 90 分のオンライン研修のデザイン例

講師名	
コース名	
研修のテーマ	PCを利用したオンライン研修の運営
研修名	
場所	
日時	

開始	終了	時間	内容	ツール
9:00	9:05	0:05	オープニング	
9:05	9:10	0:05	オープニング・つづき	ホワイトボード＆チャット
9:10	9:20	0:10	テキストに目を通し、付せんを貼る	ブレイクアウトルーム（シェア）
9:20	9:25	0:05	ツールのオリエンテーション	
9:25	9:30	0:05	テキスト解説	アンケート
9:30	9:35	0:05	カード学習	
9:35	9:50	0:15	活用アイデア	ブレイクアウトルーム（シェア）
9:50	10:00	0:10	クロージング	ホワイトボード
10:00	10:10	0:10	オープニング	ホワイトボード
10:10	10:15	0:05	リビジット	テキスト
10:15	10:25	0:10	エナジャイザー	カメラ
10:25	10:30	0:05	クロージング	チャット
合計		1:30		

第2章

オンライン研修の
テクノロジーとツール

2-1

配信側の環境

　この章ではオンライン研修を参加者主体のデザインで運営していくために必要なプラットフォームやオンラインツールなど、テクノロジーの面、そして使用するスライドや配付資料などのツールについて考察します。

　こうしたテクノロジーやツールは、それが最重要ということではありません。ですが、スムーズに使えなかったり、質が良くなかったりすると、参加者に余計なストレスを与えてしまうことになります。

　研修の講師として身だしなみを整えるのと同じように、ツールやテクノロジーが第一印象の妨げにならないようなレベルにはしておく必要があるのです。

本項の Key word

「プラットフォーム」
「音声」
「映像」

研修のプラットフォーム

最適なプラットフォームを検討する

　プラットフォームを検討する時、本来は講師とプロデューサーがソフトウェアと機能の評価に関与する必要があります。

　しかし、残念ながら、そのプラットフォームを使って研修で何ができる必要があるかを知る前にプラットフォームが選択されていて、実際のオンライン研修開催時に混乱が発生しているケースも少なくありません。

　オンライン学習のためのテクノロジーを検討するにあたって、確認するべき重要な項目がいくつかあります。

> **POINT!**
>
> ◎**プラットフォームを検討するポイント**
> - 一度に何人の参加者がオンライン上で合流できるのか
> - 音声はインターネット回線で利用するのか*
> - 音声は電話回線で利用するのか
> - 音声は電話回線でログインする必要があるのか
> - 参加者はコンピュータでしかログインできないのか、それともモバイルデバイスでも利用できるのか

　＊訳注：インターネット回線が不安定で音声が途切れる状態を回避するために、プラットフォームでは、音声用の電話回線を用意しています。ほとんどの場合、インターネット上で音声を利用しますが（VoIP: Voice Over Internet Protocol）、電話回線の利用方法も確認しておきましょう

参加者の環境・デバイスへの配慮

　現在の状況では、研修や授業を実施する場合、モバイルデバイスではほとんどのオンライン研修プラットフォームにおいて、機能のすべてを利用できません。スマートフォンやタブレットなどの小型デバイスはビデオ会議の通話には適していますが、参加者の関与が多くなるオンライン研修を行う場合、コンピュータの使用を推奨することで、参加者はストレスなく研修に参加できます。

　しかし、「スマートフォンのみ」のインターネットユーザーが増えています。この場合は、インターネット回線についても注意が必要です。
　スマートフォンからオンライン研修に参加する人は、従来の家庭用インターネットを利用できない、つまり、パケット通信を利用してオンライン研修に参加している方もいる可能性もあるわけです。

　ただし、「パソコンからであれば安心」というわけにはいきません。パソコンからの参加においても、インターネットへのしっかりとしたアクセスが必要になります。古いハードウェアや弱いWi-Fiで立ち往生している場合、プラットフォームの機能が正常に動作しないかもしれません。
　実際に、所属する組織のITチームが設置したファイアウォールの問題のために、ログインやアクセスに苦労した参加者もいました。

　参加者が簡単にアクセスできない場合、研修が始まる前にフラストレーションが生じ、不安が高まり、研修への参加意欲が低下する可能性があります。
　接続の問題を特定するために、できれば事前テストを行うと良いでしょう。

イヤフォン、マイク、ヘッドセット

マイク、ヘッドセットをどのように選択するか

　講師のオンライン研修のよくある間違いのひとつに、「ヘッドセットや外部マイクを使用しない」というものがあります。

低品質の音声が続くと、参加者のモチベーションを下げ、不快感を与える場合があります。

　先週、録画されたオンライン研修を視聴しましたが、プレゼンターの1人がコンピュータのマイクから配信していました。パチパチという音が続き、つらくなり、結局、その人の話を早送りしてしまいました。

　高価なものである必要はありません。2000円前後で買えるヘッドセットでも、パソコンの内蔵マイクよりも優れた音質のものがあります。

　内蔵マイクは、タイピングによる「カチカチ」といったものからファンのかすかな音まで、あらゆる場所から音を拾います。こうしたノイズは、話し手には気にならないかもしれませんが、**聞き手（特にイヤフォンなどで聞いている場合）には耳障りなことも多い**のです。

　では、どのタイプのヘッドセットまたはマイクを選択すればよいのでしょうか。

　マイクが内蔵されたイヤフォンは、周囲のノイズを拾いすぎるようです。そして、Bluetooth接続が必要なヘッドセットは、有線接続のものよりも安定性が低いことに注意が必要です。

　1日に何時間もオンライン研修を実施している場合、buds（Bluetoothイヤフォン、耳に小さなかたまりを差し込むイヤフォンのこと）は耳が痛くなることがあります。そのため、私は使わないようにしています。

　私は、マイクを選択するときは、USBまたはヘッドセットジャックの

いずれかに接続されたマイクまたはマイクを備えたヘッドセットを選ぶようにしています。

現在は、ゲーミングヘッドセットを使用しています。

加えて、バックアップ用として、手の届く範囲に予備のヘッドセットを用意しています。1つがトラブルを起こした場合、すぐに別のヘッドセットを準備する必要があるためです。

POINT!

◎イヤフォン、ヘッドセットを用意する
- **内蔵のマイク、スピーカーは使用しない**
- **Bluetooth接続のものよりも、有線接続のものを選ぶ**
- **予備の機具を用意しておく**

相互フィードバックの大切さ

どれがいいかは予算や好みにもよりますが、どのマイクを使用していても、うまく活用することが大切です。研修を開始する前に、必ずテストし、プロデューサーなど他の人に音の確認をしてもらいましょう。

そして研修中も、講師とプロデューサーは、音質が気になるようであれば、相互にフィードバックします。プライベートメッセージを利用すれば簡単にできます。

テストを行う際は、通常の声とやや声を張り上げた時の声の両方について確認します。時々、興奮して声が大きくなることがありますよね。その声をテストして、音量が許容範囲内であることを確認しておきましょう。

試行錯誤が必要なこともあります。いろいろと試して、自分にベストなものを探すようにしましょう。

　（訳注：耳を覆うタイプのヘッドセットは、圧迫感や髪型への乱れなどを不快に思う人もいます。最近は、骨伝導タイプも人気です。自分に合うものを見つけましょう）

ウェブカメラ

研修中、ウェブカメラは常にオンにするべき？

　私たちは動画があふれている時代を生きています。私自身、ウェブカメラを使って、バーチャルで対面することが好きです。

　ただし、私はオンライン研修では、ウェブカメラは常にオンにはしません。**講師のカメラをオフにすることで、参加者にはコンテンツ、ホワイトボード、およびアクティビティに集中してもらいます。**
　ウェブカメラをオンにすると、カメラに映る映像に目が向くのが自然です。そのため、内容に集中するのを妨げる要因になり得ます。
　なお、**スライドを暗い色にしておくと、ウェブカメラをオンにした際に、参加者の注意を講師に引きつけることができる**でしょう。

　参加者も常にカメラをオンにする必要はありません。
　ですが、少人数のグループに分かれて話す時などは、ウェブカメラをオンにしてもらうことで、お互いを知り、つながるための非常に強力なツールになります。

　時々、私は参加者にウェブカメラをオンにしてもらった状態でアクティビティを実施しています。また、全員が集まったら写真やスクリーンショットを撮り、「クラスの写真」を送ることもあります。
　「自撮り（セルフィー）」の発明によって、私たちは、カメラを通して自分の姿が画面に映ることに、ずいぶん慣れました。このスキルをオンライン研修中も利用しましょう。

POINT!

◎研修中のカメラのオン／オフ

●講師側
・常にオンである必要はない
（講師の姿が映ることで、研修内容に集中することを妨げる可能性が
あるため）
・参加者の注意を引きつける必要がある時は、スライドを暗い色にし
て、カメラをオンにする

●参加者側
・常にオンである必要はない
・少人数グループでアクティビティを行う時はオンにしてもらう

外付けのカメラは必要か？

　さて、カメラの選択ですが、通常は、コンピュータ内部のウェブカメラ
で十分です。
　私の場合は、2台のコンピュータを使用していますが、どちらにもウェ
ブカメラが組み込まれています。また、立ってプレゼンテーションを行う
際のために、追加のウェブカメラを部屋の別の場所に設置しています。
　立ってプレゼンテーションをするために、ラップトップコンピュータを
動かして適切な角度にしようとするのは、とても厄介なことです。
　頻繁にプレゼンテーションを行う予定がある場合は、外付けウェブカメ
ラを準備することをお勧めします。

照明

外付け照明の重要性

オンライン研修を担当するようになってから、最初の15年間は、オフィスの頭上の照明と窓からの自然光だけを使用していましたが、今、振り返ると、ひどいものでした。その後、何千ものオンライン研修を行い、いかに良い照明が重要であるかを学びました。

リングライトを購入して、ウェブカメラの真後ろや真上に置くことをお勧めします。

私が所有しているのは10インチのものです。色は昼光色、昼白色、電球色などさまざまな色調があります。私は通常、肌の色にもっともよく似合うと感じるので、暖かい黄色を選んでいます。

照明を使用することのメリットは、空間の光の量を簡単に、そして手頃な価格で変更できることです（2500円程度です）。

少しアップグレードして高いものを選ぶと、ワイヤレスリモコン付きのもあります。リモコンがあると簡単に設定が変更できますし、すばやく調整することができるでしょう。

自然光が当たる場合

部屋に自然光が当たっている場合は、窓が後ろではなく自分のほうを向いている必要があります。 自分の後ろの窓から光が入ってくると、顔が暗くなります。顔に光が当たる向きに座りましょう。

ほとんどのプラットフォームでは、オンライン研修を開始する前に自分自身の映り方を確認できます。これを使って、どの照明がもっともよく見えるかを確認し、明るさを調整するようにしましょう。

なるべく正面に窓

立った時用カメラ

バックアップ用 PC

カメラ

ライト

タイム
スケジュール

メロディ
チャイム

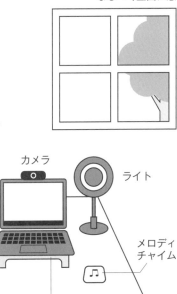

タイマー　　ヘッドセット(有線)

スタンドの上に PC をのせ
て顔の位置がウェブカメラ
の正面にくるようにする

◎整理整頓
◎音の大きい空気清浄機などは研修中はオフが望ましい
◎電話やインターフォンの呼び出し音をなるべく切っておく

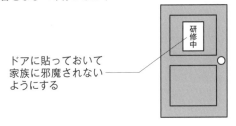

研修中

ドアに貼っておいて
家族に邪魔されない
ようにする

パソコンとインターネット環境

安定した環境を整備する

　最後にパソコンとインターネット環境について。

　配信する側、そして講師をする時には、スマートフォンやタブレットではなく、安定したパソコンを使うことが望ましいでしょう。スペックは高いほうが、いろいろなソフトやアプリケーションを立ち上げていても安定します。

　講師はメインのパソコンと、もう1台別のパソコンやタブレットをバックアップとして用意し、2台でログインして研修を行います。

　これには2つの理由があります。

　1つは、メインのパソコンが何かしらのトラブルを起こした際、すぐにもう1台のバックアップに切り替えて、途切れることなく研修が進行できるようにするためです。

　そしてもう1つの理由は、自分が行っている画面共有が、参加者にどう見えているかを常に確認しながら進行することが可能になるからです。画面の共有を行う際、「スライドは写っていますか?」と、いちいち参加者に確認するのはやめましょう。

　また、講師側のインターネット環境もパソコン同様、スペックは高ければ高いほど安定しますし、無線より有線のほうが安定します。

　最初にも述べましたが、こうした環境整備やツールは、こだわりすぎる必要はありませんが、質が良くないと参加者にストレスが生じます。回線

やパソコンが安定せずトラブルが生じ、それがストレスになって研修に集中することに支障をきたすようでは失格です。

快適でスムーズで余計なことが気にならない環境づくりをしましょう。

2-2

オンラインツール

　オンライン研修では、当然ながらさまざまな「オンラインツール」を使用していくことになります。使用するプラットフォームに備わっている機能はもちろんのこと、他のツールを活用するケースもあるでしょう。こうしたツールを活用することで、効果的な学習を促進することになります。

　では、どのようなタイプのツールが、学習において効果的なのでしょうか。どのように考えて選定すれば良いかを検討していきましょう。

**本項の
Key word**

「ホワイトボード」
「ブレイクアウトルーム」
「チャット」
「投票・アンケート」

最適なツールを選ぶ

ツールを活用するポイント

　オンラインで研修を行う際、使用するプラットフォームにどんなツールが備わっているのかを把握し、スムーズに使えるように練習しておくことはとても大切です。

　自動車の運転免許をとる際、頭で乗り方を理解するだけではなく、実際に車に乗って十分に練習し、安全に運転できることを確認する必要があるのと同じです。練習をしないまま運転を開始してしまうと、大事故につながりかねません。

　オンライン研修でも、十分に理解し、練習してから本番に挑むようにしましょう。

　どのツールを使うのかの判断には、いくつかのポイントがあります。

ポイント1　研修参加者がどれくらいオンライン研修に慣れているか

「便利なツールがたくさんあり、変化をつけられて楽しいから」と、あれこれ使おうとしても、参加者側が操作できなければ混乱します。

・あなたの研修に参加する人は、どれくらいオンライン研修の経験があるでしょうか？
・はじめて使うツールの場合、どの程度の説明で使えるようになるでしょうか？
・参加者が使うデバイスはパソコンでしょうか？　それともタブレットやスマートフォンでしょうか？　使おうとしているデバイスで、そのツールは使えるでしょうか？

・インターネットの回線状況はどうでしょうか？　安定していて、問題なく使えるでしょうか？

こうした参加者側の事情も配慮してツール選びをする必要があります。比較的簡単で、誰でも使いやすいのは、次のツールです。

◎簡単で使いやすいオンラインツール例
- ●チャット
- ●音声による発言
- ●アンケートや投票機能を使っての回答

ポイント２　目的を達成するためのツール選びができているか

　ツールは目的を達成するための手段です。「変化をつけたい」「楽しくしたい」ということに意識が向きすぎ、目新しいツールばかりを導入しようとしていませんか？
　研修の目的を達成することを念頭において、最適なツールを選んでいきましょう。

ポイント３　講師の苦手意識で限定していないか

　講師自身の苦手意識や、練習不足から、使うツールを限定してしまわないようにしたいものです。
　操作に自信がないからといって、チャットやグループに分かれてのディスカッションばかりを行っていませんか？
　講師は苦手でも、参加者はオンライン上のツールを使うことに慣れていたり、抵抗なくすぐに使いこなせたりするかもしれません。
　自分の苦手意識を判断の軸にしていませんか？

アプリケーションの共有

アプリケーションを活用するうえでの注意点

　アプリケーションの共有は、ほぼすべてのプラットフォームに存在する機能です。

　この機能は、使っているソフトウェアを他の参加者に見せたり、ウェブサイトを見せながら進行したりするのに、もっとも一般的に使用されています。

　プロジェクトで共同作業をする時にも、とても便利な機能です。

　テンプレートを使って何かの作業をする場合にも、アプリケーションを起動し、テンプレートを参加者に共有し、一緒にコメントをつけたり、編集をしたりと、ドキュメントをリアルタイムで制作することができます。

　プラットフォームによって、「ホストとすべての参加者が共有できる」「ホストと共同ホストのみが共有できる」などの制限があるなど、仕様が異なることがあります。

　仕様の定義に使われる言葉も異なります。たとえば、あるプラットフォームでは「モデレーターまたはファシリテーターのみが共有できる」と表現されています。仕様を研修実施前に確認するようにしましょう。

　参加者に共同作業をしてもらう場合には、少人数での開催時がお勧めです。大人数での実施の場合は、機能を使いこなせる参加者が少ないことがあります。

　また、インターネットの帯域幅（訳注：帯域帯とは、周波数の範囲のことです。インターネット上の情報伝達における通信路容量と関係が強く、幅が広いと通信速度が上がります（速い）。プラットフォームの契約プランによって、「帯域帯」が「無制限」となっていたり、「○○ヘルツ〜○○ヘルツ」となっていたりします）には違いがあ

りします。そのため、アプリケーションが表示されるまでにかかる時間は、参加者によって最大1分ほど異なる可能性があることを知っておきましょう。

　以下では、主なアプリケーションと活用時の注意点をまとめます。

ゲームの実施

　ほんの少し、クリエィティビティを加えると、アプリケーション共有のバリエーションは広がります。そのひとつがゲームです。
「AllPlayWeb」や「BRAVO！」などは参加者が回答するためのボタンを手に持つようなイメージで、講師はテレビ番組のクイズ司会者のように、ゲームを進行することができます。
（訳注：日本語版はリリースされていませんが（2021年2月現在）、興味のある方は検索してみてください）

　これは設定に少し時間がかかりますが、とてもおもしろいリビジットの方法のひとつです。

ブラウザの共有

　一部のプラットフォームにはウェブサイトを共有するための特別な機能がありますが、この機能がないプラットフォームが多いです。そのため、ウェブブラウザ上のサイトの共有も“アプリケーションの共有”を使って行うことになります。

　5年前、私がオンライン上で営業研修に参加していた時のことです。その際、ファシリテーターはデスクトップを共有して、ウェブサイトを表示しました。
　彼が自分のウェブブラウザにアドレスを入力し始めると、ドロップダウ

ンメニューが表示され、彼がそれまでに閲覧していたページの履歴が表示されたのです。

　彼はいつも通りの手順を進めていたので、私たちに見えたものに気づかなかったのかもしれません。ですが、私はグループの他のメンバーと一緒に笑いすぎてしまい、残りの内容を覚えていませんでした。

　ブラウザの共有では、こうした点に注意が必要です。

　アプリケーションを共有する時は、プライベートメッセージや機密文書も必ず閉じておきましょう。

　また、インターネットのブラウザを共有する場合には、時間をかけてCookieをクリアしておきます。

アクティビティを実施する前の確認事項

　この本で書かれたアクティビティを実施する場合に、使用するプラットフォームで利用する"アプリケーションの共有"の機能を確認する必要があります。

　アクティビティによっては、機能の性質上、実施が難しい場合があります。

　特に次のページのポイントについては、事前に確認を行っておくことをお勧めします。

　この確認のひと手間を惜しむか惜しまないかが、後に大きな違いを生むことを忘れないでください。

POINT!

◎**アクティビティを実施する前の確認事項**

●**参加者**

・参加者が"アプリケーションの共有"を利用できますか？

・参加者が"アプリケーションの共有"を利用するためには権限が必要ですか？　どのような権限ですか？

・"アプリケーションの共有"を利用している時に、参加者は発言できますか？

●**環境**

・一度に複数のアプリケーションを共有できますか？　それとも画面のみの共有ですか？

・帯域幅の要件は何ですか？

●**動作**

・参加者の状態に支障が出ていないかどうか、タイムラグがどれくらいあるかを確認できますか？　どのような方法ですか？

・"アプリケーションの共有"の使用時に途中で制御（参加者が操作している状態を運営側に戻すこと）を変更できますか？

ブレイクアウトルーム
（少人数のグループに分かれる機能）

ブレイクアウトルームの活用法

これは、少人数で課題に取り組んだり、ディスカッションを行ったりすることができる機能で、参加メンバー同士の関係構築にも役立ちます。

ブレイクアウトルームにはホワイトボード、チャット、オーディオなどの他のツールがいくつか組み込まれているため、これらのツールにも慣れたうえで、この機能の使用を開始すると良いでしょう。

ブレイクアウトルームの目的としては、次のようなものが最適です。

POINT!

◎ブレイクアウトルームが適しているケース
- 対話、ディスカッション
- ブレーンストーミング
- プロジェクトの共同作業
- コンセプトの開発
- 競争を含んだアクティビティを通じてチームワークを醸成する

また、「階層ごとに分かれる」「職務ごとに分かれる」といったことも可能となります。

ブレイクアウトルームで、メンバーの誰かがホワイトボードを立ち上げてみんなで記録し、保存し、メインの部屋に戻ってからそれをシェアしてもらうような進行ができるでしょう。

ブレイクアウトルームを設定する

　部屋をつくってメンバーを割り当てるというブレイクアウトルームの設定は、講師が行うこともできますが、**講師が研修を進行している裏で、プロデューサーなどのサポート役が準備をすると、待ち時間がなくてスムーズです。**

　このプロセスをスムーズにするために、どのタイミングでブレイクアウトルームを利用するかについて、プロデューサーとともにあらかじめ打ち合わせをしておき、当日も少し前に予告するなどします。

　取り組む課題については、すでに口頭で説明していたとしても、各ルームにスライドを用意して、何をすべきかを説明することをお勧めします。各ルームにスライドを用意できない場合は、配付資料に入れておいたり、全員に向けて発信できるメッセージ機能を使ったりします。

　ブレイクアウトルームに移動した後に、アクティビティやディスカッションの内容や進め方について、講師に確認することがオンラインでは容易ではないためです。

　音声機能を持たない参加者の場合は、表示する名前の後ろに**「耳だけ」「聞くだけ」「マイク接続なし」「サイレント」**などを追加することを勧めています。たとえば、ダンさんの場合「ダン（耳だけ）」と表示されるので、ダンさんの発言はチャットに入力されることを参加者が理解します。

　実は、私はオンライン研修中に、「ジョー、マイクをオンにしてXYZを共有してください」と何度か言ったことがあります。ジョーの返事は「マイクがありません。さっきも伝えましたよね」というチャットへの書き込み。その経験からのヒントです。

　非常に多くの人が研修に参加している場合、誰が音声機能を持っているかを追跡することは困難になることを、忘れないでください。

POINT!

◎ブレイクアウトルームを使用する前の確認事項

- ●事前設定
  - ・ブレイクアウトルームには何人の参加者が入ることができますか？
  - ・何部屋まで設定できますか？　制限はありますか？
  - ・参加者のログイン前にブレイクアウトルームを作成できますか？
  - ・参加者を事前に割り当てることはできますか？
  - ・各部屋に事前にスライドを投稿できますか？

- ●アクティビティ中の動作
  - ・ブレイクアウトルームにいる時、参加者はチャットができますか？
  - ・ブレイクアウトルームのホワイトボードをメインルームに投稿できますか？　それとも"アプリケーションの共有"を利用する必要がありますか？
  - ・研修が録画されている時、ブレイクアウトルームも録画されますか？それともメインルームのみが録画されますか？
  - ・参加者をある部屋から別の部屋に移動できますか？
  - ・参加者が、ブレイクアウトルームにいる時に質問があることを講師に知らせる方法はありますか？　どのような方法ですか？
  - ・ブレイクアウトルームで音楽やビデオを再生できますか？

挙手・投票・アンケート

投票・アンケートを効果的に活用する

　挙手機能はもっとも使いやすいツールのひとつであり、あらゆるプラットフォームで利用できます。

　ただし、仕様は異なります。一部のプラットフォームにはユーザーが使用できる絵文字がたくさんありますが、他のプラットフォームでは非常にシンプルで、挙手とペーシング機能＊しかないものもあります。

　＊訳注：ペーシング機能とは、「もっと速く」「もっと遅く」といったボタンのことです。プラットフォームによって、その種類がどれくらい用意されているかどうかは異なります。

◎ペーシング機能画面例

　投票・アンケートは参加者が個別に、そして簡単に回答できるため、非常に魅力的な巻き込みのツールで、もっとも使用頻度の高いツールのひとつでもあります。

たとえば、次のような場面で活用できます。

POINT!

◎投票・アンケートが活用できる場面

- ●研修開始時のソフトオープニング
- ●オープニング
- ●研修中、進行ペースや内容についてのフィードバック
- ●リビジット
- ●研修終了時のアンケート

　投票・アンケートを効果的に活用するために、以下の点について事前に
確認を行うようにしましょう。

POINT!

◎投票・アンケートを使用する前の確認事項

- ●どのような質問・選択肢を入力できますか？
- ●結果を匿名にすることはできますか？
- ●投票をホワイトボードに投稿できますか？
- ●実行できる投票の数に制限はありますか？
- ●質問は、事前に設計する必要がありますか？　あるいはその場です
　ぐに作成できますか？
- ●結果をエクスポートして保存できますか？
- ●テスト目的でレポートを参加者に確認してもらうことは可能ですか？
　（全体の結果表示だけでなく、個人の結果表示は可能ですか？）

チャット

チャットで参加者を巻き込む

　チャット機能は、馴染みがある方も多いと思いますが、参加者、プロデューサー、またはファシリテーターが入力できる隅にある小さなボックスのことです。

　エンターキーを押すと、入力した文章が公開フィードに表示され、すべての人が見ることができます。

　個人的には、常にチャットを開いておいて、参加者が研修全体で対話できるようにしておくことをお勧めします。

　これは、参加者がコミットし続けるための簡単な方法であり、コミュニティの感覚を促進します。

　時々、主題からはずれているものが投稿されるかもしれませんが、少なくとも彼らが研修に積極的に参加していることを確認できます。

　チャット機能を制限しなければならない場面は、参加者がツールを悪用していて、コメントが不適切な場合のみです。

チャット活用のヒント

　参加者が自分の考えをチャットに書き込むように求められた場合、少人数の研修であれば、必ず考えを声に出して読むようにします。大人数の場合は、時間を区切って、他の人が書いたコメントを確認する時間をとります。

「今から２分間、他の人が書いたチャットの内容を確認してください」

これは、参加者の考えを肯定することにつながり、「書いて良かったな」「また投稿しよう」と感じさせます。

こうした工夫がない場合、参加者は自分の投稿を誰も見ていないと感じ、無意味に感じてしまい、いずれ投稿しなくなってしまいます。

POINT!

◎チャットを使用する前の確認事項

●参加者

・参加者がペアでプライベートにやり取りするためのプライベートチャットを利用できますか?

・プライベートチャットが利用できる場合、プロデューサーと講師はそれらのメッセージを確認できますか?

・ハイパーリンクをチャットエリアに貼り付けた時、クリックするとそのページに飛びますか?

・参加者は、チャットエリアからホワイトボードにコピーして貼り付けることができますか? その逆も可能ですか?

・チャットは一度に特定の人数に制限されていますか? それとも全員がチャットを利用できますか?

●設定

・チャットへのアクセスを参加者によって制限できますか?

・参加者は、ブレイクアウトルームでメインルームのチャットを表示できますか?

・参加者が遅れてログインした場合、チャットの履歴を表示できますか?

・チャットの履歴とログを保存して後で表示できますか?

・チャットエリアの文字数に制限はありますか?

双方向の音声

講師と参加者、お互いが話すことの大切さ

　オンライン研修では、講師も参加者もマイクを使い、参加者にも発言してもらいます。

　私にとって、リアルでの研修とオンライン研修の最大の違いは、講師と参加者との会話のバランスでした。

　オンライン研修を始めたばかりの頃も、参加者の興味を持続できていたとは思いますが、ある時、私がホワイトボードやチャットに入力された内容を読み上げる時間が長いことに気づきました。

　講師の声を何時間も聞き続けることは、話し手（講師）にとっても、そして聞き手（参加者）にとっても、単調です。

　他の人の声を聞くことは、簡単にできる、変化をつける方法です。参加者の発言を促し、意見やアイデアを共有してもらうようにしましょう。

　1人ひとりが自分の考えを伝えることで、参加者同士のつながりを構築することもできます。また、学んだコンテンツが自分にとってどのような意味があるかについて、参加者から発信してくれると、参加者全体に対しプラスの影響をもたらし、記憶に残りやすくなります。

音声を活用するポイント

　双方向の音声を活用するうえで、いくつか注意したいポイントがあります。

・ポイント①　音声の遅延／途切れた場合のバックアップ
　双方向VoIP（39ページ参照）オーディオも環境によっては遅れる可能性

があることを覚えておいてください。また、音声が途切れた場合はチャットでコミュニケーションをしてもらうなど、バックアップ計画を立てておくことをお勧めします。

・ポイント②　話すスピード、テンポ

　話すのが速すぎたり遅すぎたりせず、ちょうど良いペースで話ができているでしょうか？

　間がないのも疲れます。話し続けるのをやめて、間をつくりましょう。

　また、トークショーの司会者のように、声を通してパッション、情熱を伝えましょう。対面研修で行っているように、参加者に声をかけ、チームリーダーを決め、グループで話した内容を発表してもらったりします。

・ポイント③　「話す」と「聞く」の間には遅れがある

「講師が話す」のと、「聞き手が聞く」の間には、やや遅れがあることを覚えておきましょう。投げかけた後は、参加者が応答するのを待ってください。

・ポイント④　他の参加者への配慮

　全員の不快感を減らすために、参加者に音声のオン、オフを操作してもらいます。発言している人だけがマイクをオンにすると全員にとって快適です。

　参加者が発言したい場合、挙手ボタンを使って、合図をしてもらうと良いでしょう。このように、発言の重なりを避けるように協力してもらいます。

　電話回線とは異なり、VoIPでは複数の話者の声を同時に聞くことができない点には配慮が必要です。

POINT!

◎音声を使用する前の確認事項

● すべての参加者がマイクをオンにする権限を持つことができますか？

● 参加者が通信の問題を抱えている場合、使用予定プラットフォームではVoIPと電話回線の両方を同時に使用できますか？

● 参加者がプラットフォームに接続された電話回線で参加している場合、ブレイクアウトルームでも発言できますか？

● 参加者がヘッドセットを持っていない場合でも、快適な音での会話ができますか？

動画

スムーズな再生のために

　動画はファイルサイズが大きいので、動画再生はほとんどのプラットフォームにおいて、難しいことのひとつです。

　ただし、いくつかのプラットフォームでは、ビデオをより速く、より良くストリーミングする方法が採用されるようになりました。こうした機能の進歩には驚かされます。

　ただ、ほとんどのプラットフォームにおいては、帯域幅の問題のため、ウェブカメラストリーミングとなっていて、動画共有の機能がありません。

　使用する予定のプラットフォームがそうである場合、参加者が自分のネット環境に応じたペースで視聴できるように、ウェブサイトにビデオをアップロードして、リンクを共有することを検討しましょう。

　また、ファイルサイズを小さくすることで、ファイルにすばやくアクセスして再生できるようにします。

　ビデオをストリーミングする機能がある場合は、事前に再生テストを行い、研修実施中と同じ状況で、参加者が動画をどのように視聴できるのかを確認します。

　映像は流れても音声が再生されない場合がありますので、注意しましょう。

POINT!

◎映像を使用する前の確認事項

● 使用する予定のプラットフォームには独立した動画再生機能がありますか？

● ユーザーがビデオを視聴するためにクリアしなければならない要件は何ですか？

● 何か事前にインストールする必要があるものはありますか？

● プラットフォームでウェブカメラをストリーミングするのに最適な解像度はどれですか？

● ウェブカメラの静止画を撮影して画面に表示し、映像について話し合うことができますか？

ウェブブラウザ

ウェブサイトを効果的に活用する

　ウェブブラウザを使うと、インターネット上のグローバルなフィールドトリップに参加者を誘うことができます。

　事前に計画さえ立てておけば、講師は参加者を見せたいウェブページに案内し、配付資料で不足している情報を、検索によって補ってもらうことができます。ボタンをクリックするだけで、誰もが同じものを見ることができるのです。便利だと思いませんか？

　議論のためにウェブサイトや例を見ることで、ディスカッションが活発になり、多くの学びが起きます。

　検索をして、参加者に自分で何かを調べてもらったり、教育ゲームアプリなどを使ってコンテンツを学んでもらったりすることも可能です。

　ただ、URLは、変更されたり、終了したりする可能性があります。リンク先のアドレスが研修当日、きちんと動いているかどうかを確認しておきましょう。

　また、サイトにパスワードが必要な場合や組織のファイアウォールがブロックする場合、このツールは利用できません。

　さまざまなユーザーにリンクをテストしてもらい、参加者のコンピュータからリンクにアクセスできるかどうかを確認して、トラブルを防ぎましょう。

POINT!

◎ウェブブラウザを使用する前の確認事項

- ●参加者がコンテンツを表示するには、何か事前にインストールをしたり、手続きをしたりしておく必要がありますか？
- ●ウェブサイトにアクセスするとどうなりますか？
- ●参加者のデスクトップを講師が操作できますか？　もしくは、参加者自身が講師の指示通りアクセスできますか？
- ●参加者は自由に検索したりできますか？
- ●参加者はウェブ検索からメインの画面に簡単に戻れますか？
- ●各参加者はそれぞれデフォルトのブラウザを使用しますか？　それとも全員が同じブラウザを使用する必要がありますか？
- ●ハイパーリンクやブックマークを事前に作成して使用することはできますか？
- ●一部の参加者に対してファイアウォールで保護されているサイトの場合、どうなりますか？　回避策はありますか？
- ●研修の前に、参加者はどのような権限を持っている必要がありますか？
- ●考慮すべき帯域幅の問題はありますか？

ホワイトボード

ホワイトボードのメリット

　ホワイトボードは、講師が作成したスライドに参加者が書き込んだり、参加者が自由に立ち上げて何かを記録したりするツールで、オンライン研修ではとてもよく使うツールです。プラットフォームによっては、ホワイトボードという真っ白な画面を講師や参加者が立ち上げて、書き込みができる機能が備わっていることもあります。

　これは、**対面の研修会場におけるプロジェクターとフリップチャートの両方の機能をオンライン上ではたすツール**です。

　対面での集合研修でフリップチャートを作成する場合、会話と書き込みを同時に行うことができます。オンラインでも、ホワイトボードの機能を使うと、同じことが可能になります。

　また、講師がホワイトボードを使用して、指示、コラボレーション、視覚的なサポート、参加者を巻き込むアクティビティを行うことも可能です。

スライドをホワイトボードとして利用する

　スライドを作成する時に、**情報提供用のスライド（レクチャー用のコンテンツやビジュアルが含まれます）**と、**参加者が作成または記入するスライド**の両方を準備しましょう。 この準備によって、スライドをフォーマットのあるホワイトボードとして利用できるようになります。

　オンライン研修の経験がはじめての参加者には、ただ書き込んでもらうだけでも良いでしょう。フォントのサイズや色を変更する必要はありません。

　ホワイトボードは、創造性と想像力を発揮することを可能にします。参

加者がホワイトボードを使用してクリエイティブな書き込みをしてくれるのを見るのはとても楽しいことです。

POINT!

◎**ホワイトボードを使用する前の確認事項**

- 一度に何人の参加者がホワイトボードにコメントをつけることができますか？
- 研修の前にスライドをアップロードできますか？
- すべてのドキュメントをホワイトボードにアップロードできますか？それともスライドの形式ですか？
- どのようなツールを使用できますか？
  （例：蛍光ペン、テキスト、描画、画像・線・図形の挿入、ポインタツール）
- アップロードされたすべてのスライドを表示したり、必要に応じて前にジャンプしたり、戻ったりすることはできますか？
- スライドはJPEG（画像データ）としてインポートされますか？それともアニメーションなどを維持しますか？
- スライド上で単語や画像を移動できますか？
- グループによって作成されたホワイトボードスライドを保存して、さらに議論するためにエクスポートできますか？
- 小会議室のホワイトボードスライドをメインルームに移動できますか？
- 研修中に参加者に対して、このツールの許可をオンまたはオフにできますか？
- 図面やグラフィックを消去または削除できますか？
- 別のスライドに移動した後でも、ホワイトボードに書き込んだ内容は維持されますか？

クイズ・テスト

投票・アンケートで参加者の状況を確認する

オンライン研修では、参加者のエネルギーとモチベーションを測定するために「参加者の様子を見る」以外の方法を利用する必要があります。

投票は、講師が参加者に何が起こっているかをスピーディに「確認」するための優れた方法です。

プラットフォームが異なれば、投票機能の中身も異なります。「はい／いいえ」「複数からの選択」「単語の入力」など、選択肢はさまざまです。

また、同時に複数の投票・アンケートを利用できるものもあれば、1つしか利用できないものもあります。

これらのツールはプラットフォームに組み込まれており、参加者のコンテンツに対する理解度、進行の速度が適正かどうかなどを確認するのに役立つとともに、コンテンツの理解度を確認するための簡単なクイズの実施にも活用できます。

投票を効果的に活用する

オンライン研修全体で投票を利用するには、いくつかの方法があります。たとえば、次のような場面で活用できます。

◎投票・アンケートの活用例
- トピックに関する参加者の知識を事前にテストする
- ソフトオープニング（参加者に雑学クイズや個人的な質問に答えてもらい、関係構築をしてもらう）
- 参加者を巻き込む
- 理解度確認のテストをする
- どんな課題、懸念があるかをたずねる

なお、何らかのアンケートを作成してトピックへの関心を確認したり、参加者に研修のペースについての感想を示してもらうだけで、参加者を巻き込むことができます。

クイズ・テストを使用する時は、プラットフォームでに備わっている機能のほか、他のアンケートツール、結果の共有の手順、回答の匿名性を確認してください。

以下では、クイズ・テストを効率的に行うための、いくつかのガイドラインを紹介しましょう。

クイズ作成のガイドライン

・質問の目的を明確にする
目的のない質問は、時間を無駄にします。

・単に覚えているかどうかの質問に終始しない
「COREの "C" は何の略ですか？」と質問するより、「次のうち、クロ

ージングの原則として当てはまるのはどれですか?」のような質問をします。

　最初の質問は単に覚えているかどうかを問うていますが、2番目の質問は、参加者にどの原則がクロージングに大切かを確認してもらえます。

・答えとして「わからない」を選択する必要があることを参加者に知らせる

　予備知識のレベルを判断したい場合など、推測で答えるのではなく、「わからない時は正直にわからないと答えて欲しい」ということを伝えます。

・タイマーを使用して、各質問の回答時間を表示するか、制限時間を知らせる

　回答を変更できるかどうか、または選択した後もその状態が維持されるかどうかも知らせましょう。

多肢選択式問題作成のガイドライン

・問題全体を正確に表現する

　選択肢を作成する以前のことですが、参加者が問題内容を理解できるような表現にしましょう。

・関連するすべての要素をなるべく質問に入れる

　質問で使っている表現を、一部の（正解の）選択肢のみで使わないようにします。

・選択肢は単語、または短いフレーズにする

　不必要な情報は参加者を混乱させ、時間を無駄にします。

・間違った答えをもっともらしくする

　不正解は、よくある思い込みや間違いにしておきます。

「常に」「決して」「すべて」「なし」などの極端すぎる言葉は避けましょう。

　時々、ユーモアに富んだ間違った選択肢を挿入すると、参加者の笑いを誘い、緊張が減り、記憶に残りやすくなります。

・選択肢の回答の数を制限する

　ロバート・フレーリーは、彼の著書 *Practical Assessment、Research ＆Evaluation*で、多肢選択問題の作成に関するいくつかの事実を提供しています。

- ・３つの選択肢は、４つの選択肢とほぼ同じくらいの効果があります。
- ・４つの選択肢の回答形式がもっとも一般的です。
- ・参加者に５つ以上の選択肢を与えないでください。
- ・１つの問題に対する選択肢として、「上記のいずれでもない」と「上記のすべて」の両方を使用しないでください。

・特に回答に計算が必要な場合は、最後の選択肢として「上記のいずれでもない」を使用する

　迷っている参加者にとっては、その選択肢が質問をより難しく、より識別力を高めるものにします。

・すべての選択肢の構造と長さを等しくする

　より長く、またはより詳細にすることによって正解から遠ざけます。

・ひっかけや二重否定は避ける

　否定的な言い回しはしばしば混乱させ、不必要に複雑にします。

・タイプミスを避け、文法に注意する

　多くの場合、私たちは正しい答えを精査することにもっとも時間を費やします。「これは間違っている」と思うと、その選択肢を精査することは

ありません。つまり、タイプミスや文法の間違いがあると、その選択肢に対して、注意を払わなくなる可能性があるのです。

・ベストアンサーの位置を変える

調査によると、ABCの選択肢のうち、BまたはCの位置に正しい答えを置く傾向があります。偏らないようにしましょう。

・テストの長さを管理する

ジョセフ・ロウマンの著書『教育のテクニックをマスターする』から、参加者は1分間に1つから2つの多肢選択式の項目しか完了できないことがわかっています。この情報を活用し、投票に必要な時間を計算します。

解答のガイドライン

・明確な指示を与える

参加者に、どのように答え合わせをするか、解答を書く場所や選択肢を複数回使用できるかどうかを知らせます。

テスト後の項目分析のガイドライン

・結果を使用して、テストを改善する

参加者全員がクイズの問題を間違えている場合は、問題を修正したり言い換えることを検討します。

問題が難しすぎたり簡単すぎたりする場合は、それを用いるのはやめて、より公平な新しい問題を作成することを検討しましょう。

2-3

スライド

　対面での集合研修でも言えることですが、オンライン研修においては、スライドによる資料の投影は、学習効果を促進するうえでますます重要な役割をはたすようになります。そもそも、細かい文字がびっしりと並んでいるような画面を見続けるのは、参加者にとっては苦痛にほかならないでしょう。

　参加者の興味を引きつけ、研修内容に興味をもってもらうためのスライドのつくり方について検討していきましょう。

本項の Key word

「フォント」
「デザイン」
「ビジュアル」

オンライン研修におけるスライドの重要性

パワーポイントで参加者を巻き込む

　パワーポイントは、電子メールの次にビジネスでよく使われているコミュニケーションのツールだと言えるかもしれません。オンラインで研修をする場合、このツールは**参加者を巻き込むツール**としても使います。**投影するスライドとフリップチャートの両方を兼ねるツール**なのです。

　優れたスライドは、メッセージをすばやく伝え、コンテンツを明確かつシンプルに表示します。

　スライドを看板のように考えてください。あなたは、3秒で参加者に表示されているものとその意味を伝えることができるのです。

　1枚のスライドに多くの情報を掲載せず、**オンライン研修では1枚のスライドに1つのメッセージ**にしましょう。

　しかし、残念ながら、対面での研修でこれまで使っていたスライドを、オンラインでもすべてそのまま使うというわけにはいきません。オンライン研修にあわせたカスタマイズが必要なのです。

「読む」と「聞く」は同時にできない

　「デザインエバンジェリスト」と自らを評する経営学者であるガー・レイノルズは、『プレゼンテーションzen』の中で、**「人々は、聞くことと読むことを同時にできない」**と言っています。

　スライドを表示しながら、別の何かについて話している場面では、参加者はあなたの話をメモしているか、スライドの文字を読んでいるか、どち

らか一方の状態になっているのです。また、もしスライドに書かれた内容を音読しているのであれば、あなたが行っているのはただの朗読で、授業や研修ではなくなっているかもしれません。

　伝えたいメッセージを表す画像をスライドで表示し、あなたの声でメッセージを伝えましょう。

◎スライドの活用法

　・スライドに書いてある文字を音読する

　・スライドには関連のある画像を表示し、メッセージは声
　で伝える

　また、スライドをホワイトボードとして使う場合（多くの場合、パワーポイントで作成されたファイルをアップロードし、参加者にコメントや書き込みを行ってもらう）はインタラクティブであり、ディスカッションが可能なものとして準備しましょう。

スライド作成前の注意点

　すべてのスライドをつくる前に、使用予定のパワーポイントファイルを、使用予定のプラットフォーム上で確認してみましょう。

◎**スライド作成前に確認すること**

● 削除しても意味が伝わる余分な単語はありませんか？
● 余分なアニメーションが存在しませんか？
● グラフィックが多すぎるか、グラフィックが間違っていませんか？

　余分なものは、学習を邪魔するノイズを生み出します。

　また、スライドをアップロードできるプラットフォームもあります。ただし、アニメーション機能が維持されるものもあれば、静止画像に変換されるものもあるので注意が必要です。

　スライド作成を進める前に、スライドがプラットフォーム上でどのように表示されるかを知ることが重要です。研修中にアニメーションが機能しないことに気づいて、「つくるのにすごく時間がかかったのに……」とイライラするのは避けたいですね。

シンプルなアクティビティ
なのに説明が長すぎます。

ストレッチブレイク

● これからの取り組み
三十秒のストレッチを行いましょう。
身体は座った状態が長く続くと疲れます。
血流をよくすることはとても重要です。
ストレッチをしている時は筋肉を伸ばすことと、
呼吸を止めないことを意識しましょう。
● ストレッチの種類
静的ストレッチと動的ストレッチがあります。
今回は数秒静的ストレッチを実施しましょう。
● ストレッチの例
1　伸ばした右腕を左腕で体に引き寄せます。
2　伸ばした腕を頭上に伸ばして反対側に傾けます。
3　首をゆっくり右に傾けます。
それぞれ反対側も同様に行います。

漢数字を使うのは止めましょう。

読みやすいフォントを
使用しましょう。

メッセージを伝えるビジュアルが
不足しています。

・スライドには画像を入れ、メッセージは口頭で伝える

30秒のストレッチブレイク

スライドデザイン

オンライン研修のためのスライドデザインのポイント

　それでは、スライドの制作に関するヒントをいくつか紹介します。

　あなたはグラフィックデザイナーを目指しているわけではありませんよね。であれば、過度にこだわる必要はありません。ですが、以下で紹介するヒントを参考にすれば、オンライン研修における効果的なスライドをつくることができるようになります。

　なお、パワーポイントのスライドデザインに関する本はたくさんあります。さまざまな意見が存在するので、ここで私が共有するヒントについて、反対のメッセージを目にすることがあるかもしれません。

　まず、**さまざまなシチュエーションがあることを認識しておきましょう。**立派な照明がある会場や3000人を前にする講演用のスライドをデザインすることと、1人でオンライン研修に参加し、パソコンのモニターやタブレットで視聴してもらうためのスライドをデザインすることは同じではありません。

　オンライン研修用のスライドを作成する場合、次のような工夫をすることで、スライドがより魅力的になります。また、コンピュータの画面を長時間見つめている時に起こりがちな頭痛を軽減することにもつながるという効果が得られるでしょう。

白いスライドを組み込む

　オンライン研修用にスライドを作成する時は、ファシリテーター、プロデューサー、参加者が板書、コメントの記入などを行うアクティビティの

タイミングで、白いスライドを挿入しましょう。

ホワイトボードをその場で立ち上げるのは簡単ですが、白いスライドを挿入しておくことでステップを1つ減らすことができます。

また、そのタイミングでアクティビティが予定されていることを講師自身が思い出すきっかけとしても役立ちます。

ホワイトボードとして参加者がコメントをつける機能を使う場合、どの色を選んで書いても読みやすいように、白など明るい背景のスライドを使用します。

最近、スライドの背景としてピンクの綿菓子のような色を使用している場面に遭遇しました。いくら明るい色と言っても、一般的にピンクは背景に使用すべき色ではありません。

スライドの背景色は暗く、文字は明るくする

オンライン研修で講師が解説するなど、情報提供を行う際のスライドは、背景が白で濃い色の文字というデザインは避けます。一方、**背景が濃いスライドに白など明るい色の文字を使用する**と、プラットフォームの他の部分との明確な違いができ、参加者は解説内容をプラットフォームのツールや他のアプリケーションの領域と区別しやすくなります。

なぜコントラストが重要なのでしょうか?

コンピュータの画面はピクセルを使用します。各ピクセルは、コンピュータ画面上の光の点であり、中央が非常に明るく、端は何も見えなくなります。光学筋が長期間にわたってくり返し屈曲すると、「コンピュータビジョン症候群」と呼ばれる目・視力の問題が生じる可能性があります。

また、目の筋肉の疲労は頭痛を引き起こし、それが緊張につながり、首、肩、背中の筋肉を引き締めると一般に考えられています。

　参加者の目の緊張を軽減するために、オンライン研修では明るい光の量を制限します。

　適切な背景色は、**青、緑、黒、濃い紫（ほぼ黒）、濃い赤、灰色**です。テキストの色は、暗い背景とはっきりと対照的である必要があります。通常、テキストには白、黄色、黄褐色、およびもっとも明るい色を使います。ハイライトに適した色は、オレンジ、黄色、およびほとんどのパステルカラーです。

POINT!

◎目の緊張を軽減するスライドデザインのポイント

● コントラストをつける
● 明るい光の量を制限する
● 推奨する色の例
　　背景の色：青、緑、黒、濃い紫（ほぼ黒）、濃い赤、灰色
　　文字の色：白、黄色、黄褐色などの明るい色
　　ハイライト：オレンジ、黄色、他のパステルカラー

太字のテキストと少ない単語で表現する

　視覚情報であるスライドで使用する単語は少なくしますが、**意味は減らさずに維持します**。手元に残し、後日参照できるよう、追加の情報は配付資料に含めます。

　スライドには、基本的に1枚に1メッセージです。

　また、次のページのように説明がほとんどないスライドを使用して、参加者にブレーンストーミングをしてもらったりします。講師側からの一方的な情報の押しつけではなく、参加者の考え、アイデア、意見などを引き出し、主体的な学びを実践します。

◎スライド例（参加者の主体性を引き出す）

オンライン研修の 10の失敗の原因

1. _____
2. _____
3. _____
4. _____
5. _____
6. _____
7. _____
8. _____
9. _____
10. _____

ワークブック
5
ページ

アニメーションの数と種類を減らす

　2003年、ピューリッツァー賞を受賞したコラムニストのジュリア・ケラーが、「パワーポイントでマイクロソフトを殺す」というタイトルの記事を書きました。

　これは、多くのオンライン研修に当てはまります。

　と言うのも、**アニメーションなどが多すぎると、実際のコンテンツがぼやけ、コミュニケーションの邪魔をする**からです。

　箇条書きと複数のフォントで埋め尽くされたスライドは参加者を引きつけません。また、シンプルなもののほうが、連続アニメーション、3Dチャート、グラフが多数あるものよりも、率直に言ってわかりやすかったりします。

　優れた機能があるからと言って、それらすべてを使用する必要があるわけではありません。

シンプルであることが効果を生みます。

　アニメーションを使用する時は、目立たず、一貫性を保ちましょう。

　これはつまり、タイトルが右から「フライイン」している場合は、そのスライドの残りの部分でも「フライイン」アニメーションを使用するということです。最初の行は「飛び込み」、次の行は「ボックスイン」と、さまざまなアニメーションを取り入れることは、より創造的であるというわけではありません。

　また、**スライドごとに1つのテーマ（またはアイデア）に制限する**ことで、使用する箇条書きの数を減らしましょう。

　1スライドに1メッセージにすると、「今、何の話をしているのか」についての混乱が減ります。そのトピックに集中でき、参加者の興味がそれるのを防ぐことができます。

ビジュアルリストを使用する

　箇条書きだけがスライド作成の手段ではありません。
　スライドをより視覚的にすることはできませんか？

　たとえば、参加者向けのアジェンダを作成する時は、研修のロードマップを高速道路の標識のようにロードマップとして表示します（次のページに例を示します）。

◎スライド例

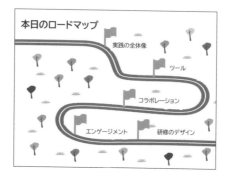

また、ビジュアルリストとして、他の2つの例を次に示します。

◎ビジュアルリスト例

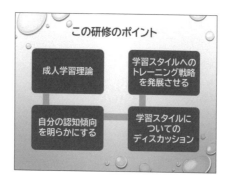

スライド作成のガイドライン

　私たちが家を売りに出した時、派手な色が家の特徴を邪魔しないように、娘の部屋のまぶしいバラの壁紙を、落ち着いた色に貼り直しました。こうした住宅販売会社の気を散らすものを取り除くのと同じようなことが、オンライン研修のスライドをデザインする時にも必要です。

　スライドを作成する際の5つのガイドラインを以下に示します。

ガイドライン1　2x2ルール

　これは、スライドごとに2つの種類のフォント、2つのサイズのフォントを使用するという意味です。たとえば、タイトル（または件名）はサイズ36のフォントで、本文はサイズ32に統一するなどのようにします。

　全体的にフォントの種類は統一しますが、内容に応じて、意図的に異なるフォントを使うこともあります。
　たとえば、全体としてはゴシックを基本として、アクティビティのスライドには教科書体を使うなどというイメージです。

　パワーポイントで読みやすいフォントとして、英語ではArialやGaramondなどのSansSerifフォントがあります。避けるべきフォントは、Times NewRomanフォントとScriptedフォントです。これらのフォントは、文字が互いに接近しているため、オンラインで識別するのがより困難です。コントラストがそれほど鮮明ではなく、眼精疲労を強くする可能性があります。
（訳注）
　日本語については、**UDFont（ユニバーサルデザイン・フォント）**の利用をお勧めします。使いやすさ、見やすさに配慮されたフォントです。BIZ UDゴシック、BIZ UDPゴシックなどは、可読性、視認性、判読性が高く

デザインされています。メイリオもユニバーサルデザインを意識してつくられたフォントです。丸ゴシック体も柔らかい印象を与えたい場合には好まれています。

ガイドライン２　スライドにページ番号を挿入する

　スライドを作成する時は、**配付物のページ番号を表示する**ようにします。

　対面での集合研修の場合、何ページかわからなくなった時は、隣の人に確認することは容易にできます。しかし、オンライン研修の場合、個別に参加していることがほとんどなので、隣の人に聞くことができないわけです。

　スライドに配付物のページ番号を表示することで、別の参加者にわざわざチャットで開いたり、プロデューサーにたずねたりすることなく、今どこなのかを見つけて学習に戻ることができます。

◎ページ番号を表示したスライド例

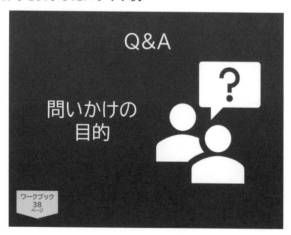

ガイドライン3　スライドで表示するタイトル

「スライドで表示するタイトル」は、ワークブックまたは配付資料にある
ものと同じタイトルにする必要があります。

　ワークブックのページに書かれているタイトルと、講師が映しているス
ライドのタイトルが違う表現になっていると、参加者は混乱します。長い
文章を省略する場合には、スライドも、配付資料も、ともに省略した表現
にしておきます。

◎スライドのタイトルと配付資料のタイトルの整合性をとる

ガイドライン4　メッセージを強調する画像を使用する

　画像を使用する場合、**伝えたいメッセージを端的に伝えることができる**
画像を選択するようにします。内容と無関係の画像を挿入しないでくださ
い。また、かわいいからとキャラクターをスライドに使用することはやめ
ましょう。

　話の内容と画像が関連していることは、その情報を記憶に留めるための

サポートにもなります。

ガイドライン5　スライド数

　対面での研修では、各スライドに最低１分はかかると想定しています。そのため、１時間のトレーニングで60枚を超えることはありません。60でも多すぎますが、これはひとつの目安です。

　オンラインの場合は、１つのスライドを使用するのに、３分かかる場合もあれば、それ以下（もしくはそれ以上）の場合もあるため、厳密なルールはありません。
　お勧めなのは、まずスライドを使ってプレゼンテーションのリハーサルを行い、時間配分を確認することです。その後、アクティビティで使うスライドを追加し、アクティビティにかかる時間を計算に加えます。

2-4

配付資料

　前の項目では、効果的なスライドのデザインについて検討してきました。講師が投影する資料を、参加者にそのまま配付し、ワークブックとして活用しているケースが多いようですが、残念ながらこれは効果的な方法とは言えません。

　では、参加者への配付資料はどのように作成するのが良いでしょうか。

　ここでは具体的に検討していきましょう。

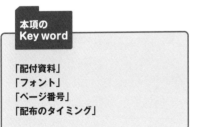

本項の
Key word

「配付資料」
「フォント」
「ページ番号」
「配布のタイミング」

配付資料の役割

配付資料がもたらす学習上の効果

　ある日、会議のプレゼンテーション用の配付資料を準備している時、「配付資料なしでそのプレゼンテーションができるかどうか」をたずねるメールが届いていたことに気づきました。返信をしたところ、「環境に配慮するために配付資料を印刷しない」というメールが返ってきました。

　私は怒り狂い、自分で印刷することにしました。

　配付資料は参加者を巻き込むための重要なツールであり、講師が**参加者のさまざまな視覚的および運動感覚的ニーズを満たす**のに役立つものなのです。

　配付資料は、参加者の個人ワークをサポートするものでもあります。特に、「考察タイプ」の参加者のニーズを満たします。

　インタラクティブなオンライン研修に参加することは、アクティブで参加型の参加者にとっては素晴らしいものなのです。一方、考察タイプ（訳注：考察タイプとは、「学習スタイル」の分類において、受け取った情報をいったん自分１人で考える時間を必要とするタイプのこと。考察タイプの逆が、ディスカッションなど人との関わりの中で学ぶことを好む「参画タイプ」。詳しくは『オンライン研修ハンドブック』『研修デザインハンドブック』において解説されている）の参加者は、１人で考察し、吸収し、処理し、作業するための時間を必要とします。

　このように、配付資料を提供することで、あらゆるタイプの参加者のニーズに対応することができます。

　一般的に、人は視覚的です。そのため、配付資料があることで、聴覚メッセージによって得られなかった理解のギャップを埋め、参加者は迅速に結論にたどりつけるようになります。

　書籍*Made to Stick*の中で、チップとダン・ヘルスは、**具体的な概念は抽象的な概念よりも記憶に残る**と指摘しています。配付物は、抽象的なアイデアをより具体的かつ明確なメッセージにまとめるのに役立ちます。これによって、学習と記憶がスムーズになるのです。

配付資料の原則

パワーポイントのスライドを配付資料として使用しない

　スライドが適切に設計されていて、オンライン研修が本当に参加者主体なものであったとしても、スライドを印刷した配付資料は役に立ちません。

　すぐに配付資料を変更する時間がない場合は、少なくとも、**いくつかの単語を空欄にし、参加者が記入できるようなスペースを空けておいてください**。

「2×2ルール」にしたがう

　2-3で紹介したように、**各ページで使用する文字は、「2種類のフォント」×「2種類のサイズ」**までとします。

　フォントの種類が多すぎると、参加者がメッセージを受け取る邪魔になります。フォント・フォントサイズの種類を増やしすぎないよう注意してください。

配付物をインタラクティブにする

　人間の脳は完成された状態を好みます。タスクが中断されると、脳は「完了させたい」という欲求を抱きます。

　ページに空欄があると、ふだんメモをとる人であろうとなかろうと、ほとんどの人は、その空欄を埋めたくなります。そして、その潜在意識のニーズを満たすために適切な単語を探すようになるのです。

　講師が空欄に入る単語を伝えずにいると、多くの参加者はそこが気になり、自分で単語を見つけようとします。あるいは、挙手をするなどしてそ

の空欄に入る答えをたずねることもあるでしょう。このように配付資料に空欄をつくっておくことで、参加者を巻き込むことができるのです。

画像を活用する

　伝えたいメッセージと一致し、見た目もすっきりとした鮮明な画像を使用します。

　これは、参加者をワークブックに引き込むのに役立ちます。文字ばかりがびっしり書かれていたり、白黒で退屈なページが続いていたりすると、読む気が起きません。

ページ番号をつける

　ページに番号をつけます。

　配付資料に番号がつけられていない場合、ページを案内するのに困るのは当然のことです。また、投影スライドの番号と照らし合わせることができません。

　これは、当たり前のことのように感じますが、意外と見落とされがちです。タイトルよりも番号でページを探すほうがはるかに簡単であることを忘れないでください。

優先順位をつける

　配付資料を優先順位で分割します。

　少なくとも、「重要項目」の部分と「補足」の部分に分け、どこがより重要かがわかるようにしておきます。

　配付資料の量が多い場合は、簡単に参照できるようにタブを使用することを検討しましょう。

当日ではなく事前に送付する

　資料は、研修の前にプリントアウトしたものを送付するか、データ配信して印刷しておいてもらいます。

　イベント当日に大きなファイルを送信すると、多くのフラストレーションや頭痛の種を引き起こす可能性があるので、避けるようにします。

第3章

オンライン
アクティビティ集

アクティビティの6つのタイプ

この章では、研修を行ううえで核となる**アクティビティ**をご紹介します。

本書で紹介するアクティビティは、核となる4つのCOREと、ソフトオープニングとラーニング（研修コンテンツの学習）の2つを加えた合計6タイプです。

POINT!

◎**本書で紹介する6タイプのアクティビティ**
- ●C：クロージング
- ●L：ラーニング（研修コンテンツの学習）
- ●O：オープニング
- ●S：ソフトオープニング
- ●E：エナジャイザー
- ●R：リビジット

以下では、オンライン研修で活用できる41のアクティビティを紹介しています。どれもコンテンツへのエンゲージメントを高め、モチベーションを維持する方法として活用可能なものです。

まずは、上記の6つのタイプと進め方のポイントを紹介します。

クロージング

これまでに行った、あるいは参加したオンライン研修について思い出してみてください。最後の5分間はどうでしたか？

講師は質疑応答をしましたか？

延長しましたか？

講師はアンケートの記入を求めましたか？

研修の最後の数分間はとても重要です。**大切な情報を再確認し、記憶に留めるために使用する必要があります。**

参加者は、次の行動が何であるか、そしてそれをどのように始めるかを確認して研修から退出するべきです。

クロージングでは、やる気を起こさせ、インスピレーションを与えるようにします。そして、コンテンツを見直し、再確認します。学んだということを祝い、喜び、達成できたことを誇りに思うチャンスでもあります。

参加者が自信をなくしてしまったり、落ち込んだりして終了しているのだとしたら、それは大きな損失です。

アンケートへの回答が最後であってはなりません。

アンケートは、研修の約４分の３あたりが経過したところで行う必要があります。これによって、最後の数分間は、参加者が何を学び、何を持ち帰ろうとしているかに焦点を当てることができます。

クロージングのアクティビティを選ぶ時は、時間枠に合ったものを選んでください。

当然ながら、研修が短いほど、クロージングは短くなります。

90分の研修の場合、私は通常、10分を見込んでおきます。実際には３分になることがあっても、クロージングは必ず行います。たとえ３分でも、ホワイトボードを活用したクロージングを実施できます。

この本には、短時間でできるアイデアがいくつかあります。こうしたアイデアを利用して、より短時間のクロージングを実施することも可能です。

◎**クロージングのポイント**

●**目的**

・大切な情報を確認し、記憶に留める

・アクションプランを考え、「次に何をするか」がわかる状態にする

・やる気を起こさせる

　＊アンケートへの回答が最後であってはならない

●**時間**

・90分研修の場合：10分程度

＊短時間であってもクロージングは必ず行う

ラーニング（研修コンテンツの学習）

　ほとんどの研修において、オープニングとクロージングにアクティビティを盛り込むことはイメージしやすいことでしょう。ただし、研修のコンテンツを学んでもらう解説（インプット）部分を双方向のものにするのは難しいと感じる人が多いのではないでしょうか。

　本書で紹介していく「**ラーニング（研修コンテンツの学習）**」は、**コンテンツを双方向に学ぶためのアイデア**です。

　たとえば、知識のインプットであれば、カードのマッチングや並べ替えを行うことで、とても簡単にアクティビティを盛り込んだ進め方にすることができます。

　簡単に、そのプロセスをご紹介します。

```
◎コンテンツを双方向に学ぶ方法（カードを使った例）

①コンテンツで伝えたい情報を整理する
        ▼
②ひとつの情報を1枚に当てはめてカードを作成する（完全な情報を記入し
　たカードと不完全な情報を記入したカード、両方をつくる）
        ▼
③投影するスライド1枚に6〜12枚のカードを用意し、参加者に見てもらう
        ▼
④スライド上のカードの中で間違っているもの、情報が足りないものがない
　かどうかをたずねる
        ▼
⑤誰かが不完全なカードを見つけて、必要な追加情報を説明したら、次へ進む
```

　箇条書きのスライドを用いたレクチャーではなく、こうしたアクティビティを行うことで、コンテンツが生き生きしたものになります。また、アクティビティに参加してもらうことで、参加者自身が自分の推測や推論が合っているかどうかを自然に確認することができます。

　こうしたプロセスを通じて参加者のエンゲージメントが高まります。

　このようなアクティビティを通じて学ぶことは、通常、講義よりも時間がかかりますが、これはケーススタディ、ブレーンストーミングなどを用いる場合も同様と言えます。

　こうしたアクティビティを取り入れることで、一方的な話が続く以上に「意味のある講義」が実現できるようになるのです。

◎ラーニングのポイント

●目的
・講師が説明をする代わりに、参加者が主体的に関わる方法に変えることが目的
・講師の説明を聞く前に、参加者がアクティビティに取り組むことで、講師の説明をただ受け身で聞く姿勢から、「答え合わせ」「自分たちの考えに対してのアドバイスを受ける」などの心理に変化することがポイント

●時間
・内容や難易度によるが、数分～10分程度が目安
　＊それ以上かかるものであれば、途中で方向がずれたり、挫折したりしないよう、プロセスを分割する

オープニング

　研修を開始する時は、最初に参加者の関心事を打ち破って、エンゲージメントを最大限に高める必要があります。オープニングは、参加者への最初のアプローチです。

　また、オープニングでは、**関係構築**も行いましょう。
　たとえば、ブレイクアウトルームを活用し、参加者同士のコミュニケーションを行うことでお互いを知る機会を設けることもあります。
　緊張を和らげ、ツールを使って他の人とコミュニケーションをするための安全な方法を知ってもらう機会でもあるのです。1人がそうしたツールを使い始めると、他の人も参加しやすくなり、安心感が生まれます。
　また、チャットは利用しやすく、お互いの関係構築に役立つとともに、使用しやすいツールであるというメリットもあります。

このようにオープニングでは、**オンライン研修に参加するための基礎**を築きます。

　オープニングの長さは、コンテンツの量と研修全体の長さによって異なります。

　3時間の研修が4回連続するような場合、心理的安全性の土台を築くために、初日で約30分を費やします。

　オープニングで土台ができていると、講師がウェブカメラを通じて見本を見せると、参加者の抵抗感がなくなります。オンライン研修全体の参加度合いを高めるのです。

　この本にあるさまざまなアクティビティを見ていただくと、オープニングとクロージングの両方で使用できるものが多いことがおわかりいただけるでしょう。なぜならば、それらは共通の原則を満たしているからです。

　状況に応じて、使い分けていきましょう。

POINT!

◎オープニングのポイント

●目的
・最初に、参加者の関心事を打ち破る
・参加者の関係構築を行う
・緊張を和らげる
・これからの研修に参加する土台をつくる

●時間
・3時間×4回の研修の場合：初回の研修で30分程度

ソフトオープニング

　ソフトオープニングは、**脳のウォーミングアップ**という位置づけがあります。パワフルなソフトオープニングによって、フラットな思考を促し、創造的かつ論理的に、脳全体を使って解決策を考え出せる状態をつくります。

　ソフトオープニングはコンテンツに関連したものとしますが、研修内容に関するインプットである必要はありません。ちょっとしたオマケ的なもので、オープニングにスムーズに移行できるものが良いでしょう。また、**シンプルで、全員が参加できるようにする**必要があります。

　ソフトオープニングは、通常、オンライン研修を開始する5～10分前に開始し、参加者を引きつけ、安心させ、さらにはプラットフォームのツールの練習ができるようにします。

　また、プロデューサーと私は、参加者がログインした時、少しの間、参加者とチャットをすることがあります。
　ソフトオープニングでの温かく、穏やかな歓迎は、アイスブレイクの効果があり、関係を構築するとても簡単な方法です。

　参加者同士がお互いに初対面の場合は、ソフトオープニングを使用して参加者同士をつなぐか、研修内容について彼らがどんな予備知識をもっているか把握するのも良いでしょう。

　参加者が組織のさまざまな階層から参加している場合、ソフトオープニングを使用して、**フラット**な**場づくり**を行います。パズルを用いたり、現在の気分をホワイトボードに書き込んだり、解決策のアイデアをチャットに書き込んだり……そのようなソフトオープニングを通して、役職は関係なく立場はすべて同じであることを体感してもらうのです。

　私は通常、研修開始の約３分前にソフトオープニングを終了して、全員がログインを完了できるようにします。そして、その後、オープニングに移行します。

　ソフトオープニングは、研修の開始前にのみ行います。これは必須ではありませんが、ワクワク感をもたらすツールのひとつです。

POINT!

◎ソフトオープニングのポイント

●目的
・脳のウォーミングアップ
・参加者について知る（予備知識の有無など）
・アイスブレイク
・関係構築
・場づくり
・プラットフォームのツールの練習

●時間
・研修開始の10分前以降３分前まで

エナジャイザー

　講師が疲れを感じている時、参加者も同様です。

　短時間でエナジャイザーを行い、体がリフレッシュするのを体感しましょう。あなた自身と参加者に、プラスの変化を起こすはずです。

　エナジャイザーは、血流を良くし、参加者が再び集中できるようにするアクティビティです。 エナジャイザーも、あらかじめ準備して計画していない場合は、実施することはほぼ不可能です。

　オンライン研修でのエナジャイザーのもっとも効果的なタイミングは、

コンテンツの半分以上が終わったころ、またはひとつの区切りが60分を超えるような場合です。

　昼食後にオンライン研修を実施している場合は、研修開始後約20分のタイミングで短いエナジャイザーを取り入れましょう。立ち上がったり、軽く体を動かしたりするようなエナジャイザーは、血流と酸素の循環を促し、脳機能や身体を学習に適した状態に整えます。

　エナジャイザーは、コンテンツに関連させる必要のないアクティビティで、**参加者の集中力を高め、巻き込む**ことを目的としています。

　この本のエナジャイザーは1〜5分です。
　より長いエナジャイザーを行う場合は、動作を伴うリビジットを検討するようにしましょう。

POINT!

◎エナジャイザーのポイント

●目的
・参加者が研修に集中できるよう、頭と体のリフレッシュを行う（研修の中身に関連していなくても可）
・参加者を巻き込む

●時間／タイミング
・コンテンツの半分が終わったタイミング
・ひとつの区切りが60分を超えるような場合
・昼食後の研修の場合、研修開始後20分のタイミングで取り入れる
・ひとつのアクティビティは1〜5分程度

リビジット

　一体、リビジットとは何なのでしょうか？

　リビジットとは、すでに学んだ内容を振り返るという点でレビューに似ています。ただし、レビューでは、講師がこれまでの内容を再度くり返すというプロセスが主です。

　一方、リビジットとは、**参加者自身が主体的に内容を確認する**ものです。

　この２つの主な違いを以下に示します。

　通常、リビジットは従来のレビューよりも参加者により多くの利益をもたらし、成長するためのアクションプランにつながります。

◎従来のレビューとリビジットの違い

従来のレビュー	参加者主体のリビジット
振り返りの発表が必須	発表は必須ではない
講師が行う要約	参加者自身が行う要約
特定の正解または不正解がある	柔軟な回答
本質的で概念的 「学んだことは何か」「効果は何か」	行動 「どう行動するのか」
テストベース	ジャーナリング（自分で書き留めるもの）と気づき
構造化されている	構造化されていない
測定可能	測定は難しい
例：レビュースライドの提示、レビューの説明、資料を読む、メモをとる、理論的な作業	例：アクティビティ、ゲーム、エクササイズ、他の人に教える、重要なポイントを自分の言葉にする、ブレーンストーミング、ジャーナリング

POINT!

◎ **リビジットのポイント**

● **目的**

・学んだ内容の中で重要な点を参加者自身が振り返る

・ここで新しいコンテンツは入れない

・達成感などポジティブな感情と結びつけて記憶への定着をサポートするよう、難易度を調整する

● **タイミング**

・20分を最小の単位として研修をデザインし、次の20分に進む前に短時間のリビジットを入れる

・休憩前や研修終了前のクロージングの際にもリビジットを入れる

アクティビティの準備

　この章では、簡単ですぐに使用できるアクティビティを紹介しています。参考にしていただくことで、講師の準備時間を節約できるように設計されています。

　アクティビティの長さは、参加者の数、コンテンツの複雑さ、および講師が提供したい時間の量に応じて、調節してください。

　なお、ほとんどのアクティビティでは、事前にスライドを作成する必要があります。ただし、オンライン研修のスライドデザインの原則にのっとったスライドを作成する時間がない場合でも、アクティビティを実施することをお勧めします。わかりやすいインストラクションを行ない、ホワイトボードやチャットなど、参加者にとって使いやすいツールを利用しましょう。

　これから紹介するアクティビティは、さまざまな場面で活用することが

できます。1つのアクティビティが、「クロージング」と「リビジット」として使えたり、「オープニング」と「ラーニング」として使えたりといったように、幅広く活用できるのです。

　各アクティビティでは、スライドの準備が必要になりますが、利用する場面で対応できるようにします。

　また、作成したスライドを、目的とタイミングに合わせて、適切なタイミングで挿入しましょう。

POINT!

◎スライドを挿入するタイミング
- ●オープニング、ソフトオープニング：最初に
- ●ラーニング：コンテンツを学ぶタイミングで
- ●リビジット：途中や休憩前に
- ●クロージング：最後に
- ●エナジャイザー：リフレッシュが必要なタイミングで

　また、**「重要なポイント」を書き留めるワークシート**を、ぜひ参加者に配付し、手元で活用してもらいましょう。発送することができない場合は、PDFのデータを送って印刷してもらうか、白い紙やノートを用意してもらいましょう（訳注：112〜114ページにワークシート例を示します）。

◎ワークシート例1

今後の行動リスト

◎ワークシート例2

重要だと思ったポイント

PowerPlan

また、積極的な参加を讃えるために、ギフトやポイントを贈ることをお勧めします。たとえば、ポイントを貯められるようにシールやスタンプカードを利用するのも良いでしょう。

　下記のサンプルのように、シールの数に対して、研修終了時（またはカリキュラム終了時）に、表彰をしたり、ギフトを提供するなどの働きかけも可能です。

◎ポイントカード例

●本書で紹介するアクティビティの一覧

	1 世界一周	2 バトンリレー	3 風船割り	4 カード学習	5 チャートチェイス	6 チャートチェイス2	7 チェック&バランス	8 フリートーク	9 間違い探し	10 フローチャート完成	11 説明できる?	12 空欄を埋める	13 画像からのヒラメキ	14 クリエイティブクルー	15 ハートスマート	16 「異議あり!」
インタラクション																
C　クロージング	★	★	★		★	★	★		★	★			★			
L　ラーニング	★			★		★	★	★	★	★	★			★		★
O　オープニング	★	★	★							★		★	★			
S　ソフトオープニング													★			
E　エナジャイザー								★			★	★			★	
R　リビジット	★	★	★	★	★	★		★			★	★				
目的																
ツールに親しむ				★	★	★		★	★	★			★	★		★
ブレインストーミング（アイデアだし）	★	★			★	★		★	★				★			★
学びを整理する			★		★	★	★		★				★			★
場づくり、コミュニティの醸成	★	★	★		★	★							★	★		★
関係構築	★	★	★		★					★			★			★
新しいアイデアの創出				★	★	★		★			★	★				
新しいコンセプトの紹介				★	★	★		★	★			★	★			
これから学ぶ内容の事前確認				★	★	★					★	★	★			
予備知識の確認	★	★		★	★		★	★	★	★	★	★		★		★
過去に学んだ内容を思い出す	★							★	★	★		★		★		★
参加者の集中力を高める	★	★	★						★	★	★	★		★		
振り返り、リビジット	★	★	★		★	★	★					★	★			★
新しい情報の学習				★		★	★			★	★	★				★
必要なツール																
チャット								★	★			★				
双方向オーディオ	★			★			★			★			★			★
各グループでのホワイトボード		★	★		★				★	★			★			★
ホワイトボード	★			★		★	★					★				
ブレイクアウトルーム			★											★		★
アプリケーションのシェア																
投票										★					★	

116

	17 正しいものを正しい順番に並べる	18 クロスワード・パズル	19 単語探し	20 隠れているのは何か？	21 地図スタンプ	22 ともに学ぶ仲間	23 何かひとつだけの休憩	24 スライドの間違い探し	25 UNOスタイルエナジャイザー	26 どちらから読んでも	27 ポップクイズ	28 ポップアップ	29 質問タイム！	30 クイックなQ&A	31 熟語パズル	32 なぞなぞ	33 課題と解決策	34 リアクションアンケート	35 スポーツマニア	36 付せんに書こう！	37 チームで協力！	38 ゴミ拾い	39 障害物競争	40 キラーワードビンゴ	41 シャーロック・ホームズ
	★	★	★	★							★		★	★			★			★	★			★	★
	★	★	★	★							★	★						★			★				
	★	★	★	★	★	★				★	★		★		★	★	★	★						★	
		★	★	★	★					★					★	★									
		★	★	★	★	★	★	★	★	★			★	★	★	★		★	★	★		★	★	★	★
	★	★	★					★			★	★	★	★			★	★		★	★		★	★	★
								★			★	★		★	★			★		★	★				
				★	★	★							★				★			★	★				
								★										★		★	★			★	
				★	★	★			★	★			★			★	★	★	★	★	★			★	
	★	★	★	★		★		★									★	★		★	★			★	
																		★			★				
	★	★	★	★		★				★	★	★	★				★	★			★			★	
	★	★	★								★	★					★	★			★				
	★	★	★	★		★		★			★	★	★	★	★		★	★			★		★	★	
	★	★		★		★		★			★	★					★	★			★				
		★	★	★		★	★		★	★	★	★		★	★	★		★	★		★	★	★	★	★
	★	★	★					★			★	★	★	★	★			★			★		★	★	
	★			★							★	★						★			★			★	
				★						★			★	★	★	★			★	★			★		★
					★		★													★			★		
	★			★			★								★			★		★			★		
				★		★		★	★				★								★			★	
				★		★							★								★				
								★			★	★						★					★		

アクティビティ1 　世界一周

	ツールに親しむ
★	ブレーンストーミング（アイデア出し）
	学びを整理する
★	場づくり、コミュニティの醸成
★	関係構築
	新しいアイデアの創出
	新しいコンセプトの紹介
	これから学ぶ内容の事前確認
★	予備知識の確認
★	過去に学んだ内容を思い出す
★	参加者の集中力を高める
★	振り返り、リビジット
	新しい情報の学習

C クロージング
L ラーニング
O オープニング
S ソフトオープニング
E エナジャイザー
R リビジット

研修の長さ：問わない
所要時間：10-15分
講師のスキルレベル：初級
参加者のスキルレベル：中級
準備するもの：スライド
必要なツール：各グループでのホワイトボード、
　　　　　　　　　双方向オーディオ

スライドの準備

1. 以下を含むスライドを作成します。

　　□ タイトル：世界一周

　　□ 自然や世界地図、地球儀などのカラフルな透かし画像を挿入する

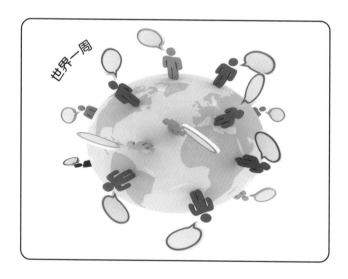

講師のプロセス

1.「世界一周」のスライドを表示します。

2. 各参加者に、目立つ色でホワイトボードに自分の名前を書いてもらいます。

3. 各参加者に、指定したトピックについて順番に共有するように伝えます（このプロセスからの学びが大きいこと、または問題の解決策につながる可能性があることを示唆します）。

4. 1人目の参加者（A）から、自分の意見を共有し、共有した参加者の名前（A）から別の名前（B）に線を引くことによって、ホワイトボード上で別の参加者にバトンがパスされ、次にBが意見を共有することになります。そしてまたBからCへと、全員が共有するまで続きます。

インストラクション例

「それでは最初に発表してくださるのはどなたでしょう」
「次はどなたが発表してくれますか？」

「それでは、○○さん、次の方にバトンタッチをお願いします」
「次に、△△さん、お願いします」

進行のポイント

・参加者全員からひと言ずつ発表してもらう場合、自発的な動きを待っても、1人ずつ指名しても、余分に時間がかかり、間延びします。画面上に名前が表示され、次の発表者への線が引かれることにより、スムーズに順番が進みやすくなります。

・複数回、研修内に組み込むことで、参加者に、「世界一周」と声をかけると、「あっ！　意見の全体共有だな」と認識してもらえるようになります。また、多くの場合、トップバッターやラストの人は固定化されなくなります。

1. 共有された意見を保存します。
2. 必要に応じて、ツールの使い方やラインの描画をサポートします。
3. 共有後にマイクがミュートになっていることを確認します。

バリエーション

（急いでいる場合の短縮方法）

1. 線を引くのに少し時間がかかることがあります。蛍光ペンの代わりにポインティングツールを使用して、次の人をポイントすることもできます。
2. バトンを渡す前に、参加者がひと言ずつ共有するように伝えます。

活用例

・自己紹介、現状の共有、課題の共有など、さまざまな場面で活用できます。

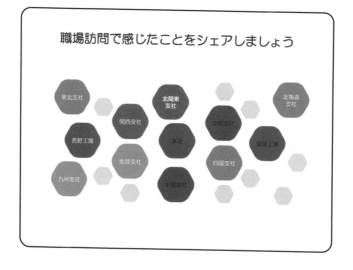

120

・全国から参加している場合、日本地図を準備し、今いる場所を書き込んでもらい、その後、順に発言してもらうこともできます。

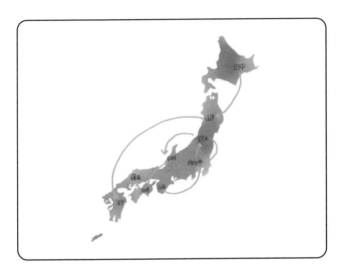

アクティビティ2　バトンリレー

C クロージング
L ラーニング
O オープニング
S ソフトオープニング
E エナジャイザー
R リビジット

研修の長さ：問わない
所要時間：5分
講師のスキルレベル：初級
参加者のスキルレベル：初級
準備するもの：スライド、配付資料
必要なツール：各グループでのホワイトボード

	ツールに親しむ
★	ブレーンストーミング（アイデア出し）
	学びを整理する
★	場づくり、コミュニティの醸成
★	関係構築
	新しいアイデアの創出
	新しいコンセプトの紹介
	これから学ぶ内容の事前確認
★	予備知識の確認
	過去に学んだ内容を思い出す
★	参加者の集中力を高める
★	振り返り、リビジット
	新しい情報の学習

スライドの準備

1. タイトルを含むスライドを作成します。

2. スライドを2つに分割し、A～Mの文字を左側に一文字ずつ縦に並べ、N～Zの文字をページの中央に1行に1文字ずつ縦に並べます（アルファベットのすべての文字（英語またはその他）をリストアップする必要があります）。

　＊下記スライドを参照のこと

A から **Z** までのバトンリレー	
A	N
B	O
C	P
D	Q
E	R
F	S
G	T
H	U
I	V
J	W
K	X
L	Y
M	Z

資料の準備

1. 参加者がオンライン研修全体で学習内容を書き留めるための配付資料を作成し、送付します。

講師のプロセス

1. 参加者に配付資料を参照してもらいます。

2. タイトルスライドを画面に出します。

3. 参加者全体を2つのチームに分けます。

4. これから記入する際のルールを確認します(明確な基準を伝えましょう)。

5. チームの各参加者は、書き込みをするペンの色を選択します。参加者はコメントを入力していくことになりますが、1人ずつ順番に書き込む必要があります。たとえば、緑を選択した参加者が、Aにアイデアを書き留め、その後、赤を選択した参加者がBにアイデアを書き留めます。同時には書き込めず、他の参加者が記入している間は待機し、記入が終わってからすぐ記入を始めます(このプロセスがリレーのバトンパスに似ているので、「リレー」というタイトルがついています)。

6. 参加者は、研修の学習ポイントを各文字に記入します。

    (例)カスタマーサービスの研修

        P=ポジティブな態度

        S=電話でのスマイル　など

7. 表現の工夫が重要であることを伝えましょう。

8. チーム全員が終了したら、すべての参加者が挙手ボタンで合図をし、終了となります。

9. 終了したら、記入されたアイデアについて話し合います。

10. 参加者に配付資料にアイデアをメモするように伝えます。

11. 次に、参加者にホワイトボードに投稿されたお気に入りのアイデアに丸をつけてもらいます。

1. タイマーを5分、3分、2分等設定し、カウントダウンをします。

2. ブレイクアウトルームでAからZのスライドを投稿します（バリエーションのみ）。

3. グループが終了したら、優勝したチームのスライドをメインルームに投稿します（バリエーションのみ）。

バリエーション

・クラスのサイズによっては、メインルームのホワイトボードでの進行が可能です。

・人数が多い場合は、各ブレイクアウトルームに記入用のスライドを配置し、他のブレイクアウトルームとの競争という位置づけで、完成に向けて取り組んでもらいます。最初にフィニッシュして手を挙げたチームを勝ちとします。

・少人数の研修の場合は、誰が勝つかを確認するために、時間を区切った競争にします。または、一方のチームがアルファベットの前半を担当し、もう一方のチームが後半を担当するよう分担することもできます。

活用例

・インプットしたキーワードを確認できるアクティビティです。知識を学ぶ研修の、さまざまな場面で使えます。たとえば、「ここまで学んだ内容で『あ』から『そ』で始まるキーワードを思い出した方は書き込んでください」と伝えて書き込んでもらうと良いでしょう。

・記憶型の研修（覚えてもらうことが多い研修）に適しています。

・タイトルスライドは、「バトンリレー」ではなく、扱っている内容に基づいた表示にするのも良いでしょう。

"参加者主体の研修" 運営ポイント

あ	アクティビティ	か		さ	
い		き	クロージング	し	
う		く		す	
え	エナジャイザー	け		せ	
お		こ		そ	ソフトオープニング

アクティビティ3　風船割り

C　クロージング
L　ラーニング
O　オープニング
S　ソフトオープニング
E　エナジャイザー
R　リビジット

★	ツールに親しむ
	ブレーンストーミング（アイデア出し）
★	学びを整理する
★	場づくり、コミュニティの醸成
★	関係構築
★	新しいアイデアの創出
★	新しいコンセプトの紹介
★	これから学ぶ内容の事前確認
★	予備知識の確認
★	過去に学んだ内容を思い出す
★	参加者の集中力を高める
★	振り返り、リビジット
★	新しい情報の学習

研修の長さ：90分以上
所要時間：20-30分
講師のスキルレベル：上級
参加者のスキルレベル：上級
準備するもの：スライド、配付資料
必要なツール：ブレイクアウトルーム、各グループでのホワイトボード

スライドの準備

1. 以下を含むスライドを作成します。

　　□ タイトル：風船割り

　　□ 色とりどりの風船に研修でとりあげられたトピックの文字が重ねられた
　　　画像

　　□ インストラクション：「チームリーダーは、もっとも多くの色を身につ
　　　けてる人です」

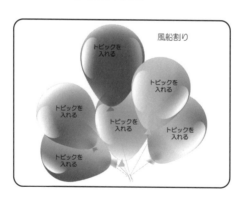

資料の準備

1. 参加者が学習した内容を書き留めるための配付資料を作成します。

講師のプロセス

1. 参加者に配付資料を参照してもらいます。

2. 「風船割り」スライドを画面に出します。

3. 参加者全体を2つのチームに分けます。

4. このあとブレイクアウトルームに移動してもらうこと、ブレイクアウトルームではバルーンの各トピックに関連するアイデアをホワイトボードに書き込むことを案内します。

5. ホワイトボードにアイデア例を書いてデモンストレーションをします。

6. タイマーを2分に設定しブレイクアウトルームをスタートします。参加者に、トピックごとにできるだけ多くのアイデアをホワイトボードに書き込むように促します。

7. 2分後、チームで良いと思うアイデアを2つ選んで、メインルームに戻ります。

8. 「このアクティビティに関して何か確認したいことはありますか？」とたずね、ないようであれば、割り当てられたブレイクアウトルームに2分間送ります。

9. チームをメインルームに戻します。

 ＊オープニングとしてこれを行う場合は、メインルームで参加者全員でこれを行い、参加者に、今日とりあげるトピックについてすでに知っていることを書き出してしてもらうこともできる

10. チームリーダーに、ブレイクアウトルームでのディスカッションを共有してもらいます。

11. 各グループが共有している間、参加者に配付資料にアイデアを追加してもらいます。

1. ブレイクアウトルームを作成します。

2. 各ブレイクアウトルームに「風船割り」スライドを投稿します。

3. 参加者をブレイクアウトルームに送ります。

4. タイマーを2分間セットして、カウントダウンします。

5. ブレイクアウトルームに移動し、質問に答えます。

6. ブレイクアウトルームのホワイトボードをメインルームに投稿して表示するか、アプリケーションでホワイトボードを共有します。

  ＊使用するプラットフォームによって可能なサポートが異なる

7. 各チームが記入した項目数を確認し、その数をスコアとしてスライドに入力しシェアします。

バリエーション

・参加者が少人数の場合、ブレイクアウトルームを使用せずに運営することもできます。

・参加者は、学んだことをチャットで共有します。

活用例

【営業研修での活用】

・「顧客との関係づくり」「商品の案内」「クロージング」の3つのテーマについて、重要なポイントを確認したい場面で、一方的にレクチャーを進めるのではなく、「どんなことができますか？　大事だと思いますか？　どんどん書き込んでください」と伝え、参加者に書き込んでもらうことができます。

Before

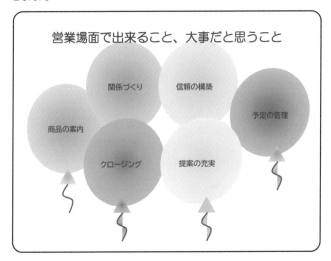

After

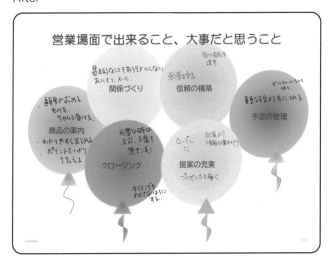

★	ツールに親しむ
	ブレーンストーミング（アイデア出し）
	学びを整理する
	場づくり、コミュニティの醸成
★	関係構築
	新しいアイデアの創出
	新しいコンセプトの紹介
★	これから学ぶ内容の事前確認
★	予備知識の確認
★	過去に学んだ内容を思い出す
	参加者の集中力を高める
★	振り返り、リビジット
	新しい情報の学習

C　クロージング
L　**ラーニング**
O　オープニング
S　ソフトオープニング
E　エナジャイザー
R　**リビジット**

研修の長さ：60分またはそれ以上
所要時間：さまざま
講師のスキルレベル：初級
参加者のスキルレベル：初級
準備するもの：1人あたり2〜4枚のカード、
　　　　　　　　　スライド
必要なツール：双方向オーディオ、ホワイトボード

カードの準備

1. 研修の前に、カードを作成します。

　　□ 各カードには、この研修でとりあげるコンテンツを記載する

　　□ 各カードは、コンテンツの内容に応じて用語や画像でもOK

2. 各参加者が受け取るカードの数を決定します。参加者ごとに2〜4枚配付
します。

3. すべてのカードに異なる内容を掲載するほど十分なコンテンツ数がない場
合は、必要に応じて同じコンテンツをくり返します。

4. 各参加者に2〜4枚のカードをランダムに選んで電子メールやチャットファ
イルで届けます（または郵送します）。

　　＊誰がどのカードを受け取ったかを記録しておく

スライドの準備

1. 以下を含むスライドを作成します。

　　□ タイトル：トランプまたはスキャンされたカードの画像を含む
　　　　　　　　「カード学習」

　　□ スライドの内容は、作成したカードの内容、デザインと一致させる

（例）研修の資料と同じ用語や画像を含める

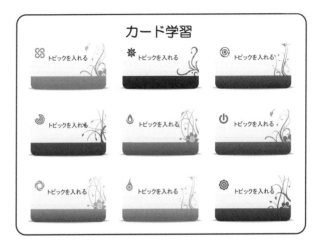

講師のプロセス

1. 研修の開始時に、参加者にカードを確認してもらい、カードを読んだり表示したりしてもらいます。

2. 各カードが今日学ぶコンテンツに関連しているということを説明します。

3. 途中どこかのタイミングで、「カード学習」を行います。とりあげられたトピックのカードを持っている人が手を挙げて、そのトピックで学んだこと、または学んだことを仕事にどう活用するかのアイデアを1つ共有します。

4. シェアされている内容について、参加者にはメモをとってもらいます。

5. 状況に応じて、共有された「カード学習」の内容を反映したスライドを作成しましょう。

6. 誰も挙手がないようなカードについては、「シェアできる人は？」と投げかけ、参加者に手を挙げてもらいます。

プロデューサーのプロセス

・チャットまたはホワイトボードのアイデアを読む「アナウンサー」として参加します。

・この演習をスピードアップするには、挙手した参加者にホワイトボードや
　チャットにコメントを記入してもらいます。そして、講師が読み上げるか、
　参加者自身に読み上げてもらうようにします。
・参加者が予備を持っている場合、または以前の研修で学んだ情報を含めたい
　場合は、一部のカードに過去の研修のコンテンツを記載し、「仕事でそれをど
　のように適用しているかを共有しても良い」という指示を追加します。

活用例

・自社商品や自社サービスについて学ぶ方法としても活用できます。
　（例）新年度の商品ラインアップ、新しい料金体系など

【カードサンプル】
花材を扱う担当者向けの研修で、花の名前や特徴
を覚える研修に使うカードサンプルです。
名称や写真、特徴などをもとにカードをつくると
良いでしょう。

アクティビティ5　チャートチェイス

C　クロージング
L　ラーニング
O　オープニング
S　ソフトオープニング
E　エナジャイザー
R　リビジット

研修の長さ：30分以上
所要時間：2-5分
講師のスキルレベル：初級
参加者のスキルレベル：初級
準備するもの：スライド、配付資料
必要なツール：各グループでのホワイトボード

★	ツールに親しむ
★	ブレーンストーミング（アイデア出し）
★	学びを整理する
★	場づくり、コミュニティの醸成
★	関係構築
★	新しいアイデアの創出
★	新しいコンセプトの紹介
★	これから学ぶ内容の事前確認
★	予備知識の確認
★	過去に学んだ内容を思い出す
★	参加者の集中力を高める
★	振り返り、リビジット
★	新しい情報の学習

3

オンラインアクティビティ集

スライドの準備

1. タイトルスライドを作成します。

その他の準備

1. 参加者が学んだことを書き留めるための配付資料を作成します。

1. 参加者に配付資料を参照してもらいます。

2. 「チャートチェイス」スライドを表示します。

3. 参加者に「30秒（45または60秒）以内にできるだけ多く学んだ内容を投稿してもらいます」と伝えます

　＊可能なアイデアの数に適した時間を選択すること。アイデアの数が少ないほど、時間は短くなる

　＊参加者によってはタイピングのスピードが遅いことにも配慮する。プラットフォームやツールをはじめて使用する参加者も、さらに時間がかかる場合がある。参加者のスキルレベルを判断し、時間の長さを決定する

4. プラットフォームのツール（さまざまな色、描画ツール、テキストなど）を使用して、アイデアを投稿します。重複はカウントされません。目標は、自分たちの前に行ったチームのスコアを超えることです。

5. このアクティビティをはじめて使用する場合は、1人あたり1～2のアイデアを目標にするか、学習ポイントの総数を2で割った数を目標としてください。予想よりもはるかに多くのアイデアが短時間で生み出されることもあります。

6. 時間切れになったら、次のように言って一時停止します。

「タイムアップです！　私がホワイトボードのアイデアを読みます（または、参加者にアイデアを読んでもらう）。みなさんは資料にメモをとりましょう。他と重複していないアイデアの数も数えていきます」

7. 参加者に、お気に入りのアイデアに印をつけてもらいます。

プロデューサーのプロセス

1. タイマーを30、45、または60秒間などに設定し、カウントダウンします。

2. チャットの質問に答えます。

バリエーション

・研修中にこれを数回実行して、毎回投稿数を増やします。

・参加者に、学んだことを自分の仕事に活用する方法についてのアイデアを投稿してもらうこともできます。

活用例

【育成担当者向けの研修】

・「リモートワーク下での新入社員の育成について、自分がやってみようと思うことはどんなことですか?」という問いかけに対して、アイデアを書き込んでもらいます。

アクティビティ6　チャートチェイス2

C クロージング	
~~L ラーニング~~	
~~O オープニング~~	
~~S ソフトオープニング~~	
~~E エナジャイザー~~	
R リビジット	

	ツールに親しむ
★	ブレーンストーミング（アイデア出し）
★	学びを整理する
★	場づくり、コミュニティの醸成
★	関係構築
★	新しいアイデアの創出
★	新しいコンセプトの紹介
★	これから学ぶ内容の事前確認
★	予備知識の確認
★	過去に学んだ内容を思い出す
★	参加者の集中力を高める
★	振り返り、リビジット
★	新しい情報の学習

研修の長さ：30分以上
所要時間：2-5分
講師のスキルレベル：中級
参加者のスキルレベル：中級
準備するもの：スライド、配付資料
必要なツール：ホワイトボード、書き込むツール

資料の準備

1. 参加者が学んだ内容を書き留めるための配付資料を作成し、送付します。

スライドの準備

1. 以下を含むスライドを作成します。

　　□ タイトル：チャートチェイス2

　　□ スライドをグループごとに1つの象限に分割する。

　　　＊グループが2つの場合：スライドの中央に線が引かれTになる

　　　＊グループが4つある場合：4つのセクションがある十字のように見える

　　□ 各セクションに、「グループ1」「グループ2」などのラベルをつける

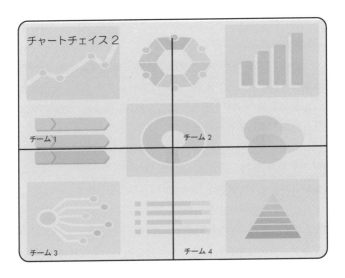

講師のプロセス

1. 参加者に配付資料を参照してもらいます。

2. 「チャートチェイス２」スライドを表示します。

3. 参加者を２つまたは４つのチームに分けます。各チームにグループ１、グループ２などのチーム名をつけます。

4. 参加者に制限時間（30秒など）内にできるだけ多く学んだ内容（アイデア）を書き込んでもらうように伝えます。

5. 参加者がオンライン研修プラットフォームをはじめて使用する場合は、フラストレーションを減らすために「チャートチェイス（アクティビティ５）」から始めるのが最善です。

6. 各チームには、指定のセクションに、プラットフォームのツール（さまざまな色、描画ツール、テキストなど）を使用してアイデアを投稿してもらいます。

7. 講師は投稿されたアイデアを読み上げます。そうすると「採用」されたことになり、くり返すことはできません。

8. 参加者は他のチームと競争して、指定された時間内にもっとも多くのアイデアを投稿します。

＊アイデアの数をポイントとし、ギフトを贈るためのポイントを集計する
9. 時間切れになったら、「タイムアップです！」と知らせます。
10. 重なっていないアイデアの数を集計する間、参加者には配付資料にアイデアを追加しておいてもらいます。そして集計したポイントを伝えます。
11. 最後に、参加者にホワイトボードに書かれているものうちお気に入りのアイデアを強調表示してもらいます。

プロデューサーのプロセス

1. 適切な時間のタイマーを設定し、カウントダウンします。
2. チャットに出てくる質問に答えます。
3. 受賞者を記録し、ギフトを贈ります。
4. 参加者がマイクの使用または会話の許可を得ていることを確認します（バリエーションのみ）。

バリエーション

・参加者は手を挙げ、マイクをオンにし、口頭でトピックを指定して、自分のスペースにそれを書き留めます。最初に手を挙げた人から順に行ってもらいます。
・研修中にわたってポイント集計を継続し、ギフトを贈るという運営もできます。

活用例

【例1：新商品の説明】
・新商品が発売になるタイミングで、商品理解が浅い参加者に、資料を読んでもらった後に、「自分ならどう説明するか」を書き込んでもらいます。
【例2：顧客との関係性構築】
・なかなか新規顧客との関係づくりができない場合、まずアイデアを出してもらいます。
＊例1、例2ともに営業の例ですが、意見や感想、体験、学んだことなどを書き込んでもらうアクティビティとして活用できます。発言を求める以上に、

短時間で数多くの意見を集めることができます。

商品Aをどのようにお客様に説明しますか？	
グループ1	グループ2

初回のヒアリングでどんな質問を投げかけますか？	
柏支店	つくば支店
水戸支店	幕張支店

アクティビティ7　チェック&バランス

C	クロージング	★	ツールに親しむ
L	ラーニング		ブレーンストーミング（アイデア出し）
O	オープニング	★	学びを整理する
S	ソフトオープニング		場づくり、コミュニティの醸成
E	エナジャイザー		関係構築
R	リビジット		新しいアイデアの創出
			新しいコンセプトの紹介
			これから学ぶ内容の事前確認

研修の長さ：90分以上、複数日
所要時間：5-15分
講師のスキルレベル：初級
参加者のスキルレベル：初級
準備するもの：スライド、配付資料
必要なツール：双方向オーディオ、ホワイトボード

	予備知識の確認
	過去に学んだ内容を思い出す
	参加者の集中力を高める
★	振り返り、リビジット
	新しい情報の学習

配付資料の準備

1. 参加者が学んだ内容を書き留めるための配付資料を作成します。

スライドの準備

1. 各参加者の写真を含む、または各参加者の名前をリストした「チェック&バランス」スライドを作成します。

講師のプロセス

1. 「チェック＆バランス」スライドを表示します。

2. 参加者に配付資料を開いてもらい、60秒で、確実に実践したいことを書き留めてもらいます。

3. 60秒後、参加者の名前が表示されていることを確認し、全体でのディスカッションを開始します。

4. 1人の人にマイクをオンにしてもらい、学んだこととその実践方法を共有してもらいます。

5. 共有が完了すると、別の参加者にバトンタッチします。

6. ルールは、シェアする内容をくり返すことができないということです。重要だと思ったポイントが先に他の人からシェアされた場合は、別のアイデアを発表してもらいます。

　＊これは、ここまでのポイントが把握されているかどうか、記憶されているかどうかを確認する方法にもなる

プロデューサーのプロセス

1. タイマーを60秒間に設定します。

2. 参加者のマイクの権限が有効になっていることを確認します。

バリエーション

・参加者に自分のアイデアを名前の横に投稿してもらうこともできます。

・参加者が共有した後、必要に応じて解説を加えます。

活用例

【例：OJT担当者を対象とした研修】

・このアクティビティは、全員が必ず書き込むことになります。そして、全員が書き込んだものを全員で確認できるというプロセスとなっていることがポイントです。

・「他の人はどう思ったのか」という情報を、画面上で展開できます。

・さらに数名から、内容を解説してもらうプロセスを加えるのも良いでしょう。

Before

後輩へのアドバイスを四字熟語で表現すると？			
田中	山下	鈴木	佐々木
中村	山田	藤原	田崎
木下	加藤	丸山	園田

After

後輩へのアドバイスを四字熟語で表現すると？			
田中 七転八起	山下 一期一会	鈴木 日進月歩	佐々木 速行正命
中村 森羅万象	山田 臨機応変	藤原 一期会	田崎 試行錯誤
木下 一期一会	加藤 反面教師	丸山 七転八起	園田 切磋琢磨

アクティビティ8　フリートーク

C　クロージング
L　ラーニング
O　オープニング
S　ソフトオープニング
E　エナジャイザー
R　リビジット

★	ツールに親しむ
★	ブレーンストーミング（アイデア出し）
	学びを整理する
	場づくり、コミュニティの醸成
★	関係構築
★	新しいアイデアの創出
★	新しいコンセプトの紹介
	これから学ぶ内容の事前確認
★	予備知識の確認
	過去に学んだ内容を思い出す
★	参加者の集中力を高める
★	振り返り、リビジット
	新しい情報の学習

研修の長さ：問わない
所要時間：10-15分
講師のスキルレベル：初級
参加者のスキルレベル：初級
準備するもの：スライド
必要なツール：チャット

スライドの準備

1. 以下を含むスライドを作成します。

☐ チャットをしている人々の透かし画像

☐ タイトル：フリートーク

☐「チャット（またはインスタントメッセージツールバー）で〇〇（講師
　が選択したトピック）について情報交換しましょう」

　（例）　「今週末に楽しみにしていることの１つをチャットに書き込み
　　　　　ましょう」

　　　　　「原則Xを仕事にどのように活用するかをチャットに書き込み
　　　　　ましょう」

　　　　　「この情報を使用するさまざまな方法をチャットでブレーンス
　　　　　トーミングしましょう」

フリートーク

1. 「フリートーク」スライドを表示します。

2. 全員でウェブカメラをオンにして、立ち上がり、スタートします。

3. その状態で、アイデアを思いついたら、チャットに入力します。

4. 参加者が自分の考えを入力している時に、講師は出てきた回答を声に出して読み、コメントをします。

5. 回答を終えた参加者は、他の参加者からの回答を読んだ後、着席します。

6. ウェブカメラをオフにします。

7. 「フリートーク」がコンテンツに関連している場合は、参加者に配付資料に2つか3つのアイデアを追加してもらいます。

8. 「フリートーク」でブレーンストーミングを行っている場合は、いくつかのアイデアを選び、メモをとります。

プロデューサーのプロセス

1. 最後にチャットを保存します。

2. 技術的な問題や質問がある参加者を支援します。

3. タイマーを2分間に設定します（バリエーションのみ）。

バリエーション

1. 参加者間でプライベートチャットを実施してもらい、アイデアを共有します。

2. その時の状況にあわせて、時間は設定します。2分間実施する場合は、タイマーを2分間に設定し、参加者にできるだけ多くのアイデアについてチャットしてもらいます。

3. 参加者がチャットをするコンテンツについて、具体的に説明します。

アクティビティ9　間違い探し

★	ツールに親しむ
★	ブレーンストーミング（アイデア出し）
★	学びを整理する
	場づくり、コミュニティの醸成
★	関係構築
	新しいアイデアの創出
★	新しいコンセプトの紹介
	これから学ぶ内容の事前確認
★	予備知識の確認
★	過去に学んだ内容を思い出す
	参加者の集中力を高める
★	振り返り、リビジット
	新しい情報の学習

研修の長さ：問わない
所要時間：5-10分
講師のスキルレベル：初級
参加者のスキルレベル：初級
準備するもの：スライド
必要なツール：各グループのチャット、各グ
　　　　　　　ループでのホワイトボード

スライドの準備

1. 以下を含む「間違い探し」スライドを作成します。

□ 間違い箇所が含まれているドキュメントのスクリーンショットと、「修正してください」の文面が含まれたメッセージを挿入する

□ これらの指示が記載された小さなテキストボックス

□ グループ1：間違いを強調表示する
　グループ2：間違いの修正方法をチャットに書き込む

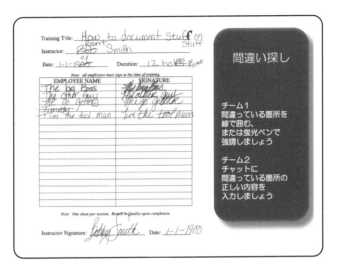

講師のプロセス

1. 「間違い探し」スライドを表示します。

2. 参加者全体をグループ1とグループ2という2つのチームに分割します。

   グループ1：間違いを強調表示する

   グループ2：間違いを修正する方法をチャットに書き込む

3. 指摘された間違いの個所や修正内容を全体で確認します。そして、その内容にコメントをします。

4. 状況に応じてアクティビティの進行をストップし、それぞれの間違いについて話し、さらに良いアイデアを出し合ったり、追加したりします。

5. グループ2が間違いの修正方法に苦労している場合は、アクティビティをいったんストップしてどのような選択肢が考えられるか、全体で話し合うこともできます。

プロデューサーのプロセス

1. デモンストレーション中に、グループ2の役割をはたし、間違いを修正する方法をチャットに記入します。

2. 誤ったハイライトを削除します。

3. タイマーを設定します（バリエーションのみ）。

・「間違い探し」の時間を計り、設定時間内に検出できる間違いの数を確認します。

・大人数での研修の場合、参加者を４人ずつブレイクアウトルームに分けます。
　２人の参加者が間違いを見つけることに取り組み、他の２人が間違いの修正
　に取り組みます。

・スピードや数の競争にして取り組んでもらうことができます。

・新入社員を対象にしたビジネス文書やメール作成の研修でも活用できます。
　（例）お客さまへのメール文面の敬語をチェックする

アクティビティ10　フローチャート完成

	ツールに親しむ
	ブレーンストーミング（アイデア出し）
★	学びを整理する
	場づくり、コミュニティの醸成
★	関係構築
	新しいアイデアの創出
	新しいコンセプトの紹介
★	これから学ぶ内容の事前確認
★	予備知識の確認
★	過去に学んだ内容を思い出す
★	参加者の集中力を高める
★	振り返り、リビジット
★	新しい情報の学習

C　クロージング
L　ラーニング
O　オープニング
S　ソフトオープニング
E　エナジャイザー
R　リビジット

研修の長さ：問わない
所要時間：5分
講師のスキルレベル：初級
参加者のスキルレベル：初級
準備するもの：スライド
必要なツール：双方向オーディオ、各グループ
　　　　　　　　でのホワイトボード

スライドの準備

1. 以下を含む「フローチャート完成」スライドを作成します。

　　☐ 参加者がすでに学習している、または事前に知っているプロセスのフロー
　　　チャートの画像

　　☐ フローチャートの一部を空白のままにする（参加者はこれらを記入する）
　　　＊参加者がプロセスについて知っているほど、空白が増え、ブランクが
　　　　多いほど、難しくなる

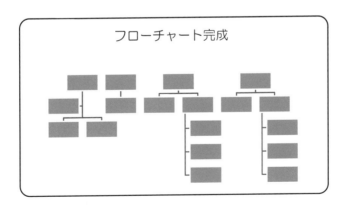

1. 「フローチャート完成」スライドを表示します。
2. 参加者が各グループでフローチャートの空欄に記入するのに、90秒を設定します。
3. 「記入できなかった欄があれば、そこはさらに学習が必要だということになります」と解説します。
4. 「このプロセスのすべての領域を研修で学んでもらうが、より深く学ぶ必要ある箇所には時間をかけること」を参加者に伝えます。
5. （クロージングの場合）空欄に記入した点について、重要なポイントを1つホワイトボードに記入してもらいます。
6. （クロージングの場合）さらに空白のフローチャートを挿入し、参加者に空白を埋めてもらった後、プロセスの各ステップからの学びを共有してもらいます。

プロデューサーのプロセス

・タイマーを90秒間で設定します。

バリエーション

・大人数の場合は、ブレイクアウトルームでこれを行うか、小さなセクションに分け、分担してホワイトボードに書き込みます。
・研修全体を通してフローチャートをロードマップとして使用することもできます。その場合、学習がある部分から次の部分に移行する時に、フローチャートを挿入します。
・空白のコンテンツのマインドマップを作成し、参加者に不足しているコンテンツを記入してもらいます。
・参加者がフローチャートをはじめて使用する場合は、スライドにフローチャートのトピックをリストとして追加し、これから何を学んでいくかの見当がつくようにしておきます。

【例：社内の説明会】

・たとえば、社内の承認ルール変更について解説した後に、「では、一度書いて みてください」と声をかけて、スライドに書き込みを行ってもらいます。

・「小売店を担当してくれるのはどのグループですか？」「量販店は？」「代理店 は？」などと、担当するグループを決めると、あっという間に書き込みが進 むでしょう。時間がかかるような場面では、グループ内で教え合うプロセス も生まれるはずです。

・「音声でのサポートもOKです」と講師が声をかけると、「販売管理課長は左か ら2つ目じゃなくて3つ目」などの声がかかるかもしれません。

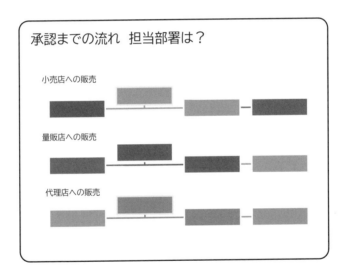

アクティビティ11　説明できる?

C	クロージング
L	ラーニング
O	オープニング
S	ソフトオープニング
E	エナジャイザー
R	リビジット

	ツールに親しむ
	ブレーンストーミング（アイデア出し）
	学びを整理する
	場づくり、コミュニティの醸成
★	関係構築
★	新しいアイデアの創出
	新しいコンセプトの紹介
	これから学ぶ内容の事前確認
★	予備知識の確認
★	過去に学んだ内容を思い出す
★	参加者の集中力を高める
★	振り返り、リビジット
★	新しい情報の学習

研修の長さ：問わない
所要時間：1-5分
講師のスキルレベル：初級
参加者のスキルレベル：初級
準備するもの：スライド
必要なツール：投票

スライドの準備

1. 以下を含むスライドを作成します。

　　☐ タイトル：説明できる?

　　☐ 30秒間、または講師が新しい略語を示すまで、選択したエクササイズを
　　　所定の位置で実行し、単語が聞こえたらフリーズする

　　☐ 略語の意味を理解している場合は、挙手ボタンをクリックする

2. エクササイズのリストのスライドを作成します。

☐ ジャンプ

☐ ツイスト

☐ ジャンピングジャック（「足を開いて閉じる」をくり返す動作のこと）

☐ エアギターを弾く

☐ ストレッチ

☐ 自由選択

☐ 足踏み

☐ 片足バランス

＊激しい動きが難しい場所では、次のようなエクササイズのリストに置き換える（周りにぶつかったりしないよう、ひと言注意をするのも忘れずに）

☐ 深呼吸

☐ 手首をブラブラ

☐ 右手、左手、片腕ずつ前に伸ばす

☐ かかとタッチ

☐ 平泳ぎ、クロール（上半身のみ）

講師のプロセス

1. 参加者に疲労が感じられるタイミングで、「説明できる？」のタイトルスライドを表示します。

2. 参加者に自分の机の前で立ってもらい、ウェブカメラで動きを実演して参加を促します。

3. エクササイズのリストのスライドを表示し、参加者にリストからエクササイズを選択してもらいます。

4. 参加者には、30秒間、エクササイズを実行してもらいます。そして、講師が研修で学ぶ略語を1つ言ったら、参加者はフリーズします。

5. その略語の意味（定義）を知っている人は、挙手するよう参加者に伝えます。

6. 参加者に、略語の定義か、その略語を使った文章を1つ言ってもらいます。

7. 参加者が略語を定義した後は、同じエクササイズを再開するか、別のエク

ササイズを開始するように参加者に促します。

8. リストされたすべての略語の確認が終了したら、理解度を伝えて終了します。

例：「○%くらい理解できていますね」

プロデューサーのプロセス

1. ウェブカメラをオンにして参加します。

2. タイマーを30秒間設定します。各単語の指示の後にタイマーをリセットして再起動します。

3. ホワイトボードにアイデアを投稿して、参加者に考えさせます（バリエーションのみ）。

4. チームポイントを追跡します（バリエーションのみ）。

バリエーション

・参加者に立ち上がるよう伝え、立ったまま定義や文章をチャットに書き込むよう指示をします。最初に正しく書き込んだチームがポイントを獲得します。

・楽しく競争できるようおもしろいグルーピングを行ったり（例：東日本VS西日本）、研修の後半で２倍のポイントを獲得できるルールにしたり、変化をもたせます。

・計画外のエナジャイザーが急に必要になった場合は、空白のホワイトボードを作成し、参加者から単語を１つずつ投稿してもらいます。そして、参加者に、その単語の意味を説明してもらいます。

・制限時間を設定して行うこともできます。割り当てられた時間内にできるだけ多くの単語の意味を確認するよう働きかけます。くり返し行う場合、数が増えるかどうかを確認するために、毎回説明できた言葉の数を数え、記録しておきます。

アクティビティ12　空欄を埋める

C　クロージング
L　ラーニング
O　オープニング
S　ソフトオープニング
E　エナジャイザー
R　リビジット

研修の長さ：問わない
所要時間：内容によって調整
講師のスキルレベル：初級
参加者のスキルレベル：初級
準備するもの：スライド、配付資料
必要なツール：ホワイトボード

★	ツールに親しむ
★	ブレーンストーミング（アイデア出し）
★	学びを整理する
★	場づくり、コミュニティの醸成
★	関係構築
★	新しいアイデアの創出
★	新しいコンセプトの紹介
★	これから学ぶ内容の事前確認
★	予備知識の確認
★	過去に学んだ内容を思い出す
★	参加者の集中力を高める
★	振り返り、リビジット
★	新しい情報の学習

資料の準備

1. コンテンツの一部にいくつかの空欄がある資料を作成し、参加者に配付します。

スライドの準備

1. 配付資料の空白に対する回答を含むスライドを作成します。空欄に入れる単語は下線を引いて強調しておきます。

　＊サンプルスライドのように箇条書きは視覚的にする

既製品 　　　　　　　Bullets

Enhance　コンセプト

創造する

暗い

言葉　　　価値

　　空欄を埋める

1. ワークブック（配付資料）の該当ページを参加者に案内します。

2. 講義を開始し、スライドを進めながら参加者に空欄を埋めてもらいます。

3. 途中で、参加者に自分にとってもっとも価値のある点をワークブックで印
をつけたりしてもらいます。

4. 完了したら、スライドを終了します。

◎配付資料例

空欄を埋めてみよう

1 　VoIP は _____ のことである

2 　ADDIE モデルの ___ は分析のフェーズである

3 　マルコム・ノウルズは _____ を提唱している

4 　評価の4段階の重要性は ドナルド・_____ によって広まった

プロデューサーのプロセス

・正しい単語が出てきたら、チャットに書き込み、正解が確認できるようにします。

バリエーション

・マイクをONにして、参加者にそのページからの学びを共有してもらいます。

・競争することを楽しむ参加者の場合は、ページの下部に空欄に入る単語を記載しておき、どこにどの単語が入るかを参加者に推測してもらいます。90秒間タイマーを設定し、どれだけ正解できるかを確認します。

・空欄に入る単語をスライドに記載し、参加者にどの単語がどこに入るのかを音声で共有してもらいます。空欄が埋まったら、そのコンテンツやコンセプトについて解説します。

アクティビティ13　画像からのヒラメキ

C	クロージング
L	ラーニング
O	オープニング
S	ソフトオープニング
E	エナジャイザー
R	リビジット

★	ツールに親しむ
	ブレーンストーミング（アイデア出し）
★	学びを整理する
	場づくり、コミュニティの醸成
★	関係構築
	新しいアイデアの創出
★	新しいコンセプトの紹介
★	これから学ぶ内容の事前確認
★	予備知識の確認
★	過去に学んだ内容を思い出す
★	参加者の集中力を高める
★	振り返り、リビジット
	新しい情報の学習

研修の長さ：60分以上、複数日
所要時間：5-10分
講師のスキルレベル：初級
参加者のスキルレベル：初級
準備するもの：スライド
必要なツール：グループでのチャット

スライドの準備

1. 研修内容を表す画像を含む「画像からのヒラメキ」スライドを作成します。

*トピックの重要なデータを表す記号や数字の場合もある

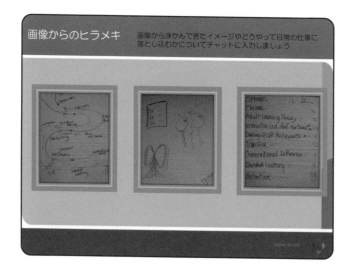

1. 「画像からのヒラメキ」スライドを表示します。

2. 参加者に、次のことを考え、チャットに書き込んでもらいます。

　・画像の名前

　・学習したコンテンツから、画像が何を表しているか

　・画像がその日の研修のトピックとどのように関連しているか

3. 各参加者に順番に記入していってもらいます。

4. 講師が例をひとつチャットに書き込みます。たとえば、「$」の画像がある場合は、次のように入力することができます。

　（例）「費用対効果をつねに意識すること」

5. アイデアをチャットに書き込んだ後、ホワイトボード上でその画像に終了の印をつけます。全部の画像について終了するまで続けても良いでしょう。

6. すべての項目が終了したら、そこでストップし、チャットに書かれた内容を読み返すように伝えます。

7. クロージングとして使用する場合は、参加者に配付資料にアイデアを書き留めてもらいます。

1. タイマーを1〜3分間設定し、カウントダウンします（バリエーションのみ）。

2. 最後にチャットを保存します。

・小人数の場合、各参加者に画像を割り当てます。

・大人数の場合は、1つの画像について複数の人がコメントをすることも考えられるので、1人の発言の後、画像に終了の印をつけないようにします。

・時間が少ない場合には、2分間タイマーを設定し、参加者にできるだけ多くのアイデアについてチャットに入力してもらいます。

・研修内容から画像の意味を推測し、関連づけた内容で話すように努める必要があることを伝えます。

・このアクティビティは、これから何が起こるかについての予測するためのソフトオープニングとしても使用できます。その場合、複数の解釈が存在する場合があります。

活用例

【例：製造部門についての研修】

・生産現場についてのレクチャーを行なった後で、ある工程の写真をスライドに表示します。そして、「この工程について、今日学んだことは？」と問いかけ、チャットへの入力を促します。

（例）

　・どの製品をつくっているのか

　・この工程はどの工場にあるか

　・注意点

・これらが書き込まれた後、理解不足であれば、補足の解説を行います。

クリエイティブクルー

C	クロージング
L	ラーニング
O	オープニング
S	ソフトオープニング
E	エナジャイザー
R	リビジット

★	ツールに親しむ
★	ブレーンストーミング（アイデア出し）
★	学びを整理する
★	場づくり、コミュニティの醸成
★	関係構築
★	新しいアイデアの創出
	新しいコンセプトの紹介
	これから学ぶ内容の事前確認
★	予備知識の確認
★	過去に学んだ内容を思い出す
	参加者の集中力を高める
★	振り返り、リビジット
★	新しい情報の学習

研修の長さ： 問わない
所要時間： 5-10分
講師のスキルレベル： 初級
参加者のスキルレベル： 初級
準備するもの： スライド、参加者リスト
必要なツール： ブレイクアウトルーム、各グループで
のホワイトボード、双方向オーディオ

スライドの準備

1. 以下を含むスライドを作成します。

　□ タイトル：「クリエイティブクルー」

　□ 以下を1人ずつ共有する

　　・名前

　　・このトピックに関して、大事なこと、コツなどを経験から1つ

　　・この研修で楽しみにしていること

　□ チームリーダーは、名前の文字数が一番多い人

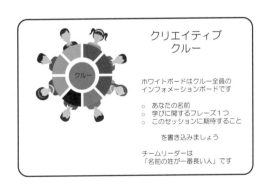

1. 参加者のリストを作成します。事前に参加者リストが用意できない場合は当日作成します。

講師のプロセス

1. 参加者を2～4人のグループに分けます。

2. 参加者にすぐにブレイクアウトルームに入ること、そしてブレイクアウトルームで、どこを見れば良いのかなどを説明します。

3. ブレイクアウトルームで何をすべきかを確認できるように、メインルームと同じスライドが表示できれば表示します。

4. 時間は5分です。ブレイクアウトルームでスライドに書かれたトピックについて共有し、プラットフォームのツール（さまざまな色、描画ツール、テキストなど）を使用して、ホワイトボードに書き込み、最後に保存してもらいます。この間、講師は部屋から部屋へ移動し、不明点があればサポートをします。

5. 時間になると、全員がメインルームに戻ります。

6. 戻った参加者に、「研修全体を通してグループのメンバーは同じ船に乗ったメンバーのようなつながりをもちます」と伝えます。

7. そして、チームリーダーにグループで話したことを共有してもらいます。

プロデューサーのプロセス

1. ブレイクアウトルームを作成します。

2. 事前に作成したスライドを各ブレイクアウトルームに表示します。

3. タイマーを5分間で設定し、カウントダウンします。

4. チャットに書かれる質問に答えます。

5. ブレイクアウトルームに入り、質問に答えます。

6. 時間になったら、メインルームでホワイトボードを表示します。

バリエーション

・小人数の場合は、メインルームで全員一緒にこれを行います。

・継続的に同じグループに戻って、学習トピックやテーマについてブレーンストーミングします。

・ブレイクアウトルームを活用するのがはじめての場合など、混乱するようであれば、ブレイクアウトルームを使わずに進行することもできます。全員がメインの部屋にいる状態で、1人ずつ共有してもらうだけのシンプルな運営を行います。

活用例

・ブレイクアウトルームでホワイトボードを使うためのウォーミングアップという位置づけで、さまざまなトピックで実施することができます。

（トピック例）

　　・チームビルディングの悩み

　　・自分自身のリーダーシップにおける悩み

　　・今期の販促について

　　・キャンペーンの展開について

・まずは、ひと言ずつ共有できるトピックから開始し、さまざまな場面での活用につなげましょう。

アクティビティ15　ハートスマート

C　クロージング
L　ラーニング
O　オープニング
S　ソフトオープニング
E　エナジャイザー
R　リビジット

	ツールに親しむ
	ブレーンストーミング（アイデア出し）
	学びを整理する
★	場づくり、コミュニティの醸成
	関係構築
	新しいアイデアの創出
	新しいコンセプトの紹介
	これから学ぶ内容の事前確認
	予備知識の確認
	過去に学んだ内容を思い出す
★	参加者の集中力を高める
	振り返り、リビジット
	新しい情報の学習

研修の長さ：問わない
所要時間：1-5分
講師のスキルレベル：初級
参加者のスキルレベル：初級
準備するもの：スライド
必要なツール：投票

スライドの準備

1. 以下を含むスライドを作成します。

☐ タイトル：ハートスマート

☐ 提示された項目が健康的な場合は、オンラインハンド（プラットフォームの挙手機能）を上げて、立ち上がる

☐ 提示された項目が不健康な場合は、オンラインハンドを下げる

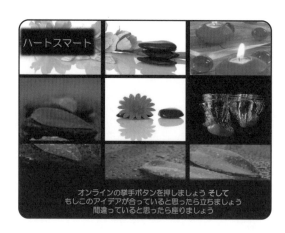

2. 次の項目を含むスライドを作成します。

◎**考えられるアイデアのリスト**

- 自転車に乗る──立つ
- ペパロニピザを４つ食べる──座る
- 犬の散歩──立つ
- タバコを吸う──座る
- 友だちと踊る──立つ
- スケート─立つ
- スマートフォンでゲームする──座る
- ファーストフードを食べる──座る
- 階段をのぼる──立つ
- エレベーターに乗る──座る

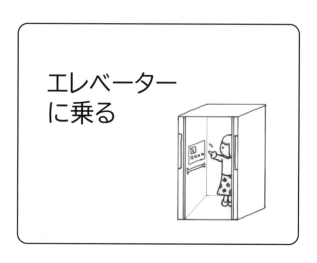

エレベーター
に乗る

講師のプロセス

1. 参加者が疲れている様子であれば、「ハートスマート」スライドを表示します。
2. アクティビティを説明します。
   「表示された行動が健康的だと思う場合は、立ち上がってください（挙手してください）」
   「表示された行動が不健康だと思う場合には、座りましょう（挙手しないでください）」
3. 例を見せます。ウェブカメラで動きを実演して参加を促します。
4. すべての項目を終えたら、参加者にどのように感じているかをチャットに書き込むように依頼します。

プロデューサーのプロセス

1. ウェブカメラをオンにして参加します。
2. ホワイトボードにアイデアを投稿して、参加者に考えさせます（バリエーションのみ）。
3. タイマーを30〜45秒間設定します（バリエーションのみ）。

バリエーション

・最後の「ハートスマート」のアイデアを実行した時に、参加者に立ってチャットをしてもらいます。

・計画していた以外に短時間でできるエナジャイザーが必要な場合には、空白のホワイトボードを作成し、参加者に健康的なアイデアと不健康なアイデアを１つずつ投稿してもらいます。この方法は、いつでもすばやく簡単に組み込むことができます。

・制限時間内の活動として行い、割り当てられた時間内にできるだけ多くのことをやり遂げます。

活用例

・オンライン研修は、座ったままになりがちです。立つタイミングをつくることを可能な範囲で盛り込みましょう。たとえば、次のような運用もできます。
【例：新入社員研修の場合】
「社内規則は○○である」
　　→間違っていると思ったら立つ
　　　合っていると思ったら座ったまま

アクティビティ16　「異議あり！」

C クロージング
L ラーニング
O オープニング
S ソフトオープニング
E エナジャイザー
R リビジット

★	ツールに親しむ
★	ブレーンストーミング（アイデア出し）
★	学びを整理する
★	場づくり、コミュニティの醸成
★	関係構築
★	新しいアイデアの創出
	新しいコンセプトの紹介
	これから学ぶ内容の事前確認
★	予備知識の確認
★	過去に学んだ内容を思い出す
	参加者の集中力を高める
★	振り返り、リビジット
★	新しい情報の学習

研修の長さ：問わない
所要時間：20-30分
講師のスキルレベル：中級
参加者のスキルレベル：中級
準備するもの：スライド
必要なツール：ブレイクアウトルーム、各グループで
　　　　　　　　のホワイトボード、双方向オーディオ

スライドの準備

1. 以下を含むスライドを作成します。

　□ タイトル：異議あり！

　□ コンテンツ、製品、スキル、およびリストについて、反対意見を3つか
　　 4つ掲載する

　□ チームリーダーは、その組織での経験年数がもっとも短い人

2. ブレイクアウトの部屋ごとに、「異議あり！」の説明スライドを用意します。
　　反対意見ごとにスライドを1枚用意しておきます。

意義あり！

反対意見＃1
反対意見＃2
反対意見＃3
反対意見＃4

チームリーダー:
入社したタイミングが一番遅い方

その他の準備

1. 参加者のリストを作成します。事前に参加者リストが用意できない場合は当日作成します。

講師のプロセス

1. 参加者を2〜4人のグループに分け、ブレイクアウトルームに送ります。

2. 各グループは順番に、ブレイクアウトルームで取り組むための反対意見を、リストから1つ選択します。各意見は、重ならないように選びます。

3. 各グループで、事前の知識や研修での学びを活用し、反対意見に対する反論を3〜7分かけて検討します。
    ＊知識レベルと難易度によって必要な時間を決める

4. ブレイクアウトルームに分かれてグループで話し合ってもらい、研修プラットフォームのツール（さまざまな色、描画ツール、テキストなど）を使用して、これらをホワイトボードに書き込みます。
    ＊例：製品に関する機能を伝え、それらのメリットをクライアントのニーズに関連づけることで、反対意見に反論できる

5. 時間になったら、全員がメインルームに戻って、反対意見とそれにどのよ

うに反論するかを共有します（すべてのグループが一緒に戻ってくるように
します）。

プロデューサーのプロセス

1. ブレイクアウトルームを作成します。

2. 各ブレイクアウトルームに反対意見のあるスライドを説明とともに表示します。

3. タイマーを3〜7分間設定し、カウントダウンします。

4. チャットに書き込まれる質問に答えます。

5. ブレイクアウトルームに移動し、質問に答えます。

6. 時間になったら、メインルームでホワイトボードを表示します。

バリエーション

・小人数の研修では、メインルームで全員一緒にこのアクティビティを行います。

・ブレイクアウトルームで別のグループに対する独自の反論を考えてもらう運営も可能です。

活用例

・育成担当者を対象とした研修で、次のような意見に対する反論を考えてもらいます。

1.「面談に時間をとるなんてムダですよ！」（同僚）

2.「君に任せたよ！」（上司）

3.「放っておいてください！」（後輩）

アクティビティ17　正しいものを正しい順番に並べる

C　クロージング
L　ラーニング
O　オープニング
S　ソフトオープニング
E　エナジャイザー
R　リビジット

	ツールに親しむ
	ブレーンストーミング（アイデア出し）
	学びを整理する
	場づくり、コミュニティの醸成
★	関係構築
	新しいアイデアの創出
★	新しいコンセプトの紹介
★	これから学ぶ内容の事前確認
★	予備知識の確認
★	過去に学んだ内容を思い出す
	参加者の集中力を高める
★	振り返り、リビジット
★	新しい情報の学習

研修の長さ：問わない
所要時間：5-10分
講師のスキルレベル：初級
参加者のスキルレベル：初級
準備するもの：スライド
必要なツール：各グループでのホワイトボード

スライドの準備

1. 以下を含む「正しいものを正しい順番に並べる」スライドを作成します。

☐ 背景に、何かを調査しているイメージの画像を入れる

☐ 研修で学ぶプロセスについて、そのプロセスに含まれる8～10個のステップ・アイデアと、そのプロセスには含まれない8～10個ステップ・アイデアを混ぜ合わせてスライドに表示する。

☐ そのプロセスに含まれる8～10個のステップ・アイデアを正しい順に並べたスライドも作成する

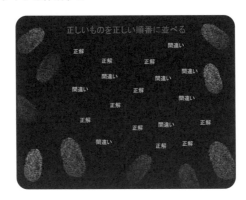

1. すべてのステップを正しい順序で表示したページを配付資料に入れておき
   ます。

1. これから行うアクティビティのために、参加者にワークブックを閉じても
   らいます。

2. 「正しいものを正しい順番に並べる」スライドを表示します。

3. 参加者に、プロセスの一部ではないアイテムを赤で、プロセスの一部であ
   るアイテムを緑で印をつけてもらいます。この時、参加者は交代で、1人
   1つずつ項目に印をします。

4. 3が難しそうな場合は、あらかじめ緑と赤でアイテムを表示しておき、プ
   ロセスの順番の数字を記入してもらいます（これから学ぶ新しい内容につ
   いて行っている場合は、推測してもらいます）。

5. すべてのアイテムに印がつき、正しい順序で番号がつけられるまで、グルー
   プで順番に取り組みます。

6. 各アイテムに印がつくか、正しい順番に並べられた後、その順番の理由と
   プロセスにおける重要性について話します。

7. すべての項目が完了したら、正しく進めた部分と間違った部分を確認し、
   よくある間違いや、重要な点を再確認します。そして、正しい項目が正し
   い順序で書かれている配付資料のページを参加者に参照してもらいます。

・タイマーを1～3分間設定し、カウントダウンまたはカウントアップします
（バリエーションのみ）。

・使用しているプラットフォームで可能であれば、表示されたアイデアについ
て、参加者に項目ごとに分類したり、正しい順番になるように移動してもらっ
たりします。

・そのプロセスに含まれない項目を削除します。

・楽しむ要素を増やすには、タイマーまたはストップウォッチを使用して、所要時間を確認します。カウントダウンタイマーを使用して、時間になった時にどれだけ完成したかを競います。

・間違っている箇所があれば、さらに説明します。

・このアクティビティは、その他、フロー・手順の確認のために用いることができます。

活用例

・新制度が導入される際の研修（説明会など）で、手順について並べ替えてもらうことで、理解度を確認することができます。

・たとえば、各部門に研修企画を任せるにあたって準備のプロセスを確認する場合に、数字をスライド上に書き入れてもらいます。そして「1と5は、人材開発部も加わり、お手伝いをしますので、日程を連絡してください」などと、依頼事項を付け加えることもできます。

　また、「不安なフェーズはありますか？」と聞き、意見が集中する項目があれば、「3をもう一度確認しましょう」などとフォローすることもできます。

Before

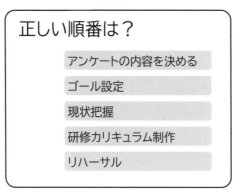

After

正しい順番は？

3	アンケートの内容を決める
1	ゴール設定
2	現状把握
4	研修カリキュラム制作
5	リハーサル

アクティビティ18　クロスワードパズル

C　クロージング
L　ラーニング
O　オープニング
S　ソフトオープニング
E　エナジャイザー
R　リビジット

	ツールに親しむ
	ブレーンストーミング（アイデア出し）
	学びを整理する
	場づくり、コミュニティの醸成
★	関係構築
	新しいアイデアの創出
★	新しいコンセプトの紹介
★	これから学ぶ内容の事前確認
★	予備知識の確認
	過去に学んだ内容を思い出す
★	参加者の集中力を高める
★	振り返り、リビジット
	新しい情報の学習

研修の長さ：問わない
所要時間：5-10分
講師のスキルレベル：中級
参加者のスキルレベル：中級
準備するもの：スライド
必要なツール：クロスワードパズルを作成できる
　　　　　　　　ウェブサイト

スライド作成前の準備

1. 研修の終わりまでに参加者が認識または知っておくべき単語のリストを作成します。単語ごとに、手がかりを作成します。

2. 選んだクロスワードパズルのソフトやアプリがオンラインで再生できることを確認します。

インタラクティブなクロスワードを作成するために使用できるフリーウェア製品はたくさんあります。Microsoftユーザーには「EclipseCrossword.com」にあるEclipse Crosswordを推奨します。クロスワードパズルを作成するスピーディで簡単かつ無料の方法です。いくつかの異なる印刷オプションがあります。また、クロスワードをウェブページとして保存できます。プロセスはサイト上で確認してください。

（訳注：日本語でも「クロスワード作成　ソフト」や「クロスワード作成アプリ」で検索すると無料のものが見つかります。安全性をご確認のうえ、ご利用ください）

3. 作成したら、リンクをコピーして手元に貼り付け、すぐに参照できるようにします。

4. ゲームのスクリーンショットを撮ります。これを「クロスワードパズル」

スライドに使用します。

スライドの準備

1. クロスワードパズルで使用されるすべての単語のリストを含む「単語リスト」スライドを作成します。

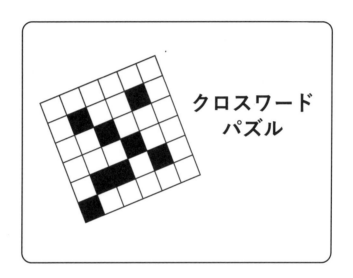

講師のプロセス

1. 「クロスワードパズル」スライドを表示します。

2. 内容や難易度に応じた時間を設定します。

3. 参加者にチャットのハイパーリンクをクリックしてもらい（クリックしても機能しない場合は、リンクをコピーしてウェブブラウザに貼り付けます）、パズルを開始してもらいます。

4. 「単語リスト」スライドを表示します。

5. 完了したら、手を挙げるなどの方法で示してもらいます。

6. 参加者がどのように考え、どこで苦労したかを確認します。

7. 参加者がなじみのない用語を簡単に確認し、説明します。

プロデューサーのプロセス

1. 研修が始まる直前にリンクが機能していることを確認します。

2. 参加者用のチャットにリンクを入力します。

3. 質問があるかどうか、チャットを常に確認しておきます。

バリエーション

・ウェブブラウザを共有し、クロスワードパズルがどのように見えるかを参加者に示し、その方法を説明します。

・研修前の課題として、事前案内でリンクを送り、取り組んでもらうこともできます。

・参加者が研修後に学んだ内容を思い出すためのフォローアップとして使用することもできます。その場合、クロスワードをPDFとして保存したものやワークブック内に掲載したものを使用します。

活用例

・たとえば内定者研修において、企業理念をクロスワードパズルに当てはめることができます。たとえば、「最長5分」などの時間設定をしたグループでのアクティビティを、次のように行うことができるでしょう。

　1．ブレイクアウトルームで考えてもらう。

　2．答えがわかったら帰ってきてもらう。

　＊その他、応用例はさまざま考えられます。

単語探し

C クロージング	ツールに親しむ
L ラーニング	ブレーンストーミング（アイデア出し）
O オープニング	学びを整理する
S ソフトオープニング	場づくり、コミュニティの醸成
E エナジャイザー	★ 関係構築
R リビジット	新しいアイデアの創出
	★ 新しいコンセプトの紹介
研修の長さ：問わない	★ これから学ぶ内容の事前確認
所要時間：5-10分	★ 予備知識の確認
講師のスキルレベル：中級	過去に学んだ内容を思い出す
参加者のスキルレベル：中級	★ 参加者の集中力を高める
準備するもの：スライド	★ 振り返り、リビジット
必要なツール：ワードやエクセルなど（なくても作成可能）	新しい情報の学習

スライド作成前の準備

1. 研修内容に関連がある用語や研修中に出てくるキーワードなどを、10から15個程度リストアップします。

2. パズルをどれだけ難しくしたいかを決めます。単語を見つける方法が多ければ多いほど（垂直、水平、斜め、後方、前方）、パズルは難しくなります。

3. ワードやエクセルなどのソフトを使って、マス目をつくります。**1**でリストアップした単語の数や長さにもよりますが、縦15マス、横15マス程度のものが探しやすいでしょう。

4. つくったマス目に**1**でリストアップした単語を、全部ひらがな、もしくは全部カタカナで書き入れていきます。
　＊作成例は次のページを参照

5. 単語を全部入れ終えたら、まだ空白のまま残っているマス目に「あ、い、う、え、お……」とランダムに文字を入れていき、空白をなくします。

スライドの準備

1. 完成したものをデータとして保存し、研修で使うスライドとして使いたい場面に挿入しておきます。

単語探し

●パズル作成例

	イ	ワ	テ							チ	バ
		ア	サ	ク	サ		カ	ワ	サ	キ	
			ッ				ゴ				
			ポ				シ	マ			ナ
フ		ヒ	ロ	シ	マ		マ	ル			ハ
ク	ニ	イ	ガ	タ				ノ			
オ		ヨ	ト			オ		ウ	メ	ダ	
カ		コ	ウ	ベ			カ		チ		
	ナ	ハ	キ			ヤ					
	ゴ	マ	ョ			マ		ク	マ	モ	ト
	ヤ		ウ				ア	オ	モ	リ	

＊このように答えになる単語を
先に入れたうえで、空いてい
る枠内に適当に文字を入れて
いく

例：支店の所在地を探す場合

講師のプロセス

1. 単語探しのスライドを表示します。

2. 時間を設定して参加者に伝えます。

3. 画面に書き込みができるようであれば、見つけた単語を線で囲むなどして

もらうか、もしくは、見つけた単語を音声やチャットで共有するなどして
もらいます。

4. もし馴染みのない単語があれば、必要に応じて解説します。

プロデューサーのプロセス

1. ツールの使い方がわからない参加者がいればサポートします。

2. 質問がないかどうか、チャットを注視しておきます。

バリエーション

・研修前のソフトオープニングとして、ツールの使い方になじんでもらいなが
ら実施することもできます。

・参加者が研修後に学んだ内容を思い出すためのフォローアップアクティビティ
として使用することもできます。

・意味の解説を講師が行うのではなく、参加者に行ってもらうことでリビジッ
トのアクティビティになります。

アクティビティ20　隠れているのは何か？

C	クロージング
L	ラーニング
O	オープニング
S	ソフトオープニング
E	エナジャイザー
R	リビジット

研修の長さ：問わない
所要時間：5分
講師のスキルレベル：初級
参加者のスキルレベル：初級
準備するもの：スライド
必要なツール：各グループでのホワイトボード

	ツールに親しむ
★	ブレーンストーミング（アイデア出し）
	学びを整理する
★	場づくり、コミュニティの醸成
★	関係構築
	新しいアイデアの創出
★	新しいコンセプトの紹介
	これから学ぶ内容の事前確認
★	予備知識の確認
★	過去に学んだ内容を思い出す
★	参加者の集中力を高める
	振り返り、リビジット
★	新しい情報の学習

スライドの準備

1. 以下を含むスライドを作成します（これらは個々のスライドに分割できます）。

☐ タイトル：隠れているのは何か？

☐ 表示されている部分的な文字から隠されたメッセージを解読する

☐ 「変化は大切です」
　「コンテンツを小さなかたまりにする」
　（文字を半分塗りつぶす）

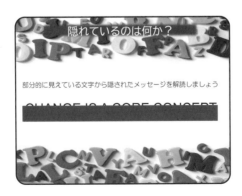

2. 回答を含む２番目のスライドを作成します。

　　□「変化は大切です」

　　　「コンテンツを小さなかたまりにする」

隠れている重要なフレーズは何でしょうか？

変化は大切です

コンテンツを小さなかたまりにする

隠れている重要なフレーズは何でしょうか？

変化は大切です

コンテンツを小さなかたまりにする

講師のプロセス

1.「隠れているのは何か？」のスライドを表示します。

2. 参加者に、見える部分から推測し、ホワイトボードに書き込むように依頼
します。

インストラクション例

　物事を急いで進めようとすると、過去の経験から仮定されがちです。自分が専門家であれば、思い込みを多くもってしまいます。常識は物事を客観視するのを妨げる可能性があります。

プロデューサーのプロセス

1. チャットを使って参加を促します。

2. アイデアをホワイトボードに載せておきます。

3. タイマーを30〜60秒間でセットします（バリエーションのみ）。

バリエーション

1. 研修内容に直接関連するフレーズや画像でスライド作成します。

2. 双方向オーディオを介して、どのように考えるかを参加者と対話します。

3. 参加者はまず1人で単語を考え、30〜60秒後に全体で確認します。

4. 次のような質問を投げかけます。

　「正解を見つけるのに何が役立ちましたか？」

　「正解はどのように見えますか？」

　「この演習からどのようなヒントを得ましたか？　また、それを日常に役立てることができますか？」

5. 可能な限り、使用するメッセージをコンテンツに結びつけます。

6. メッセージを踏まえて、新しいトピックに移行します。

活用例

・例1：技術系の研修

　部品をもとにしたスライドをつくり、次のような問いかけをし、考えてもら

うというアクティビティを行うことができます。

「この部品は何か？」

「この部品を扱う時の注意点は何か？」

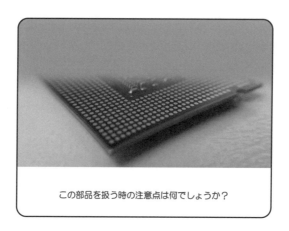

この部品を扱う時の注意点は何でしょうか？

・例２：プログラミングの研修

コードについて隠す部分をつくり、考えてもらうことで、受動的に聞くだけの状態から、主体的に学んでもらう状態へと転換できます。

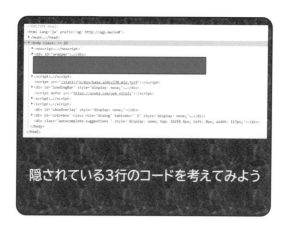

隠されている3行のコードを考えてみよう

アクティビティ21　地図スタンプ

C	クロージング
L	ラーニング
O	オープニング
S	ソフトオープニング
E	エナジャイザー
R	リビジット

	ツールに親しむ
★	ブレーンストーミング（アイデア出し）
	学びを整理する
★	場づくり、コミュニティの醸成
	関係構築
	新しいアイデアの創出
	新しいコンセプトの紹介
	これから学ぶ内容の事前確認
	予備知識の確認
	過去に学んだ内容を思い出す
	参加者の集中力を高める
	振り返り、リビジット
	新しい情報の学習

研修の長さ：問わない
所要時間：5分
講師のスキルレベル：初級
参加者のスキルレベル：初級
準備するもの：スライド
必要なツール：ホワイトボード、チャット

3

スライドの準備

1. 以下を含むスライドを作成します（これらは別々のスライドでの表示も可能です）。

☐ タイトル：どこから参加している？

☐ 国全体の大きな画像（または世界地図または特定の地域の地図）

☐ プロセス：ポインターまたは蛍光ペンを使用して、現在いる場所にマークをつける

1. 「地図スタンプ」スライドを表示します。

2. 参加者にツールを使用して、自分がいる場所をポイントまたは強調表示するように依頼します。

3. 次に、参加者に正確な場所を強調表示してもらい、天気をチャットに書き込んでもらいます。

4. 場所と天気をアナウンサーのように紹介します。

プロデューサーのプロセス

1. チャットを介して参加を促します。

2. 最初に、例として、現在いる場所をホワイトボードでハイライトし、その場所の天気をチャットに書き込みます。

バリエーション

・双方向オーディオを使用する場合は、参加者に一度に1人ずつ、その場所の天気などについて少し話してもらうこともできます。

・参加者に自分の状態について答えてもらう質問やクイズとしても使用できます。

・自分がどこにいるかを書き込んだ後、参加者に、自分が行ってみたい場所、どこにいたいのかを書き込んでもらい、正確な場所とその理由をチャットに書き込んでもらうこともできます。

活用例

・全国から参加者が集合する研修に組み込むと、関係づくりの土台になります。

・配属前の新入社員研修の場合、配属先にスタンプを押してもらい、今の心境を語ってもらうといった進行も可能です。

・エナジャイザーとしては、「旅行してみたい場所は?」などを題材にするのも良いでしょう。

行ってみたい場所は？

アクティビティ22　ともに学ぶ仲間

C　クロージング
L　ラーニング
O　オープニング
S　ソフトオープニング
E　エナジャイザー
R　リビジット

	ツールに親しむ
★	ブレーンストーミング（アイデア出し）
	学びを整理する
★	場づくり、コミュニティの醸成
★	関係構築
	新しいアイデアの創出
★	新しいコンセプトの紹介
	これから学ぶ内容の事前確認
★	予備知識の確認
★	過去に学んだ内容を思い出す
★	参加者の集中力を高める
	振り返り、リビジット
	新しい情報の学習

研修の長さ：60分以上
所要時間：10-15分
講師のスキルレベル：中級
参加者のスキルレベル：中級
準備するもの：スライド
必要なツール：ブレイクアウトルーム、各グループで
　　　　　　　　　のホワイトボード、双方向オーディオ

スライドの準備

1. 以下を含むスライドを作成します。

　　□ タイトル：ともに学ぶ仲間

　　□ 背景の画像は、2つの心が出会うことをイメージさせるものを使用する

　　□ 各メンバーが自己紹介をする

　　□ 今日の研修内容に関して知っていること、コツなどを共有する

1. 参加者の数を把握し、ブレイクアウトルームにつける名前を決定します。

1. 「ともに学ぶ仲間」スライドを表示します。

2. 「参加者の中には、このトピックに詳しい人がいること、その人が他の人の理解のレベルアップに貢献してくれること」を説明します。

3. 参加者に、研修に参加している人の名前のリストを見てもらいます。

4. リストを見ながら「この中に"経験豊富な人"がきっといる」と案内します。

5. 参加者にこの後ブレイクアウトルームに分かれること、そして3分間で自己紹介をし、今日の研修内容に関して知っていること、コツなどを共有するよう説明します。さらに質問があるかどうかをたずねます。

6. 参加者を3～4人ずつブレイクアウトルームに送り、3分間の設定をします。

7. チームをメインルームに戻した後も、別のタイミングで同じメンバーでブレイクアウトルームでの会話の機会を設けます。これが研修のともに学ぶ仲間との「心の出会い」になり、相互に影響を与えあいます。

1. ブレイクアウトルームを作成します。

2. 各ブレイクアウトルームに「ともに学ぶ仲間」スライドを投稿します。

3. 参加者をブレイクアウトルームに送ります。

4. タイマーを3分間設定し、カウントダウンします。

5. ブレイクアウトルームに移動し、質問に答えます。

・少人数のグループの場合は、全員一緒にメインルームで運営します。

・参加者に、チームで共有したことを記録するホワイトボードを作成してもらうこともできます。

・カリキュラムの開始時や研修1日目のスタート時、そして2回目以降は随時実施できます。どのようなテーマの研修でも、土台づくりのために組み込みましょう。

アクティビティ23　何かひとつだけの休憩

C　クロージング
L　ラーニング
O　オープニング
S　ソフトオープニング
E　エナジャイザー
R　リビジット

研修の長さ：90分以上
所要時間：6-13分
講師のスキルレベル：初級
参加者のスキルレベル：初級
準備するもの：スライド
必要なツール：ホワイトボード

	ツールに親しむ
	ブレーンストーミング（アイデア出し）
	学びを整理する
	場づくり、コミュニティの醸成
	関係構築
	新しいアイデアの創出
	新しいコンセプトの紹介
	これから学ぶ内容の事前確認
	予備知識の確認
	過去に学んだ内容を思い出す
★	参加者の集中力を高める
	振り返り、リビジット
	新しい情報の学習

スライドの準備

1. スライドを作成し、以下を含めます。

　　□ タイトル：何かひとつだけの休憩

　　□ 休憩の時間（長さを明記する）

1. 休憩の長さを決定します。研修が長ければ長いほど、休憩時間も長くなります。

> **POINT!**
>
> ◎休憩時間の考え方
> - ☐ ２時間の研修＝ 60分の時点で６～８分の休憩
> - ☐ ２時間半の研修＝ 75～90分の間に10分程度の休憩
> - ☐ ３時間の研修＝ 90分のタイミングで11～15分の休憩、または１時間と２時間のタイミングで２回の短い休憩

2. 内容によっては、６分間の休憩を２回とるほうが良い場合があります。

3. 参加者が短い休憩から時間通りに戻ってこないことが懸念される場合は、長い休憩を１回にしましょう。

講師のプロセス

1. グループがこれから「何かひとつだけできる休憩時間」をとることを説明し「何かひとつだけの休憩」スライドを表示します。

2. 休憩について説明します。
休憩後に参加者が戻ってこないのではないかと心配しないでください。コンテンツがインタラクティブであり、魅力的であれば、参加者は戻ってきます。

インストラクション例

「電話をかけたり、トイレに行ったり、メールやチャットで質問したりする時間にしますが、全部をする時間としては足りません。できることは何かひとつだけです」

プロデューサーのプロセス

1. タイマーを設定し、カウントダウンします。

2. チャットで質問に答えます。

3. （バリエーションの場合）ブレイクアウトルームを作成し、参加者を割り振ります。

4. （バリエーションの場合）ブレイクアウトルームに移動し、質問への回答を手伝います。

バリエーション

・休憩中に取り組むタスクに参加者を割り当てることもできます。

　タスクを完了するのに十分な時間があり、休憩の時間も確保できるような場合には、休憩時間にブレイクアウトルームでタスクに取り組んでもらい、休憩もしてもらうという運営をします。

・休憩時間を延長し、ブレイクアウトルームでお互いに不明点を教え合ったりする時間を組み込みます。

アクティビティ24　スライドの間違い探し

★	ツールに親しむ
	ブレーンストーミング（アイデア出し）
★	学びを整理する
	場づくり、コミュニティの醸成
★	関係構築
	新しいアイデアの創出
	新しいコンセプトの紹介
	これから学ぶ内容の事前確認
★	予備知識の確認
★	過去に学んだ内容を思い出す
	参加者の集中力を高める
★	振り返り、リビジット
	新しい情報の学習

研修の長さ：問わない
所要時間：2-5分
講師のスキルレベル：初級
参加者のスキルレベル：初級
準備するもの：スライド
必要なツール：投票、双方向オーディオ

スライドの準備

1. スライドを作成します。その中に間違いを組み込みます。

　□ 間違いは、製品の名前、誤ったデータ、スペルや文法の間違いまで、さまざまなものを意図的に作成する

　□ 研修後半であれば、リビジットとして活用するために、そこまでに学習したコンテンツに関するものにする

スライドから間違いを見つけたら、ボタンで反応し、声を上げてください。

講師のプロセス

1. 研修の開始時に、スライドの中に間違いがあること、間違いを発見した人にはギフトやポイントが与えられることを告知します。

2. 参加者は間違いを発見するたびに、挙手ボタンで合図をし、マイクをオンにして、間違いが何であったか、および間違いを修正する方法を共有します。

3. 発表に対し、みんなで拍手をします。

4. 参加者がコンテンツの間違いを見逃した場合は、一時停止して、「このスライドに何か問題はありませんか？」とたずね、参加者がそれを発見できるかどうか、反応を待ちます。

プロデューサーのプロセス

1. 間違いがすべて発見されたかを確認し、見落としがあった場合は講師に合図を送ります。

2. 挙手をし、間違いを指摘した参加者を記録します。

3. 一番多く間違いを発見した参加者にギフトやポイントを贈ります。

バリエーション

・研修の最後に、この質問についてホワイトボードまたはチャットに書き込むように参加者に依頼します。

「間違いを見つけるという課題に取り組むことは、日頃の仕事でも意味がありますか？」

回答例：「間違いをすぐに修正すると、時間とお金を節約できます」

・挙手をして発表をする代わりに、参加者には途中で間違っていると感じたものにコメントを記入してもらうこともできます。

活用例

・インプットする知識が多い新入社員研修などで活用できます（例：金融業界、製薬業界など）。

アクティビティ25　UNOスタイルエナジャイザー

C　クロージング
L　ラーニング
O　オープニング
S　ソフトオープニング
E　エナジャイザー
R　リビジット

	ツールに親しむ
	ブレーンストーミング（アイデア出し）
	学びを整理する
★	場づくり、コミュニティの醸成
	関係構築
	新しいアイデアの創出
	新しいコンセプトの紹介
	これから学ぶ内容の事前確認
	予備知識の確認
	過去に学んだ内容を思い出す
★	参加者の集中力を高める
	振り返り、リビジット
	新しい情報の学習

研修の長さ：問わない
所要時間：1 - 5分
講師のスキルレベル：初級
参加者のスキルレベル：初級
準備するもの：スライド、UNOスタイルのカード（オプション）
必要なツール：ホワイトボード

スライドの準備

1. 以下を含む「UNOスタイル」スライドを作成します。

　　□ UNOスタイルのカードの画像

　　□ 各カラーカードを少なくとも１つ含める

　　□ ワイルドカードを含める

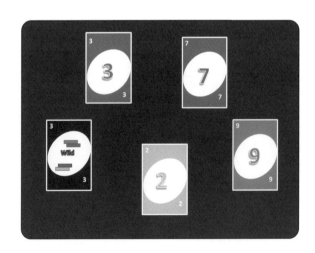

2. 以下を含む２番目のスライドを作成します。

　　□ 青：空にジャンプ

　　□ 赤：スクワット

　　□ 黄色：ツイスト

　　□ 緑：泳ぐ

　　□ ワイルド：自由選択

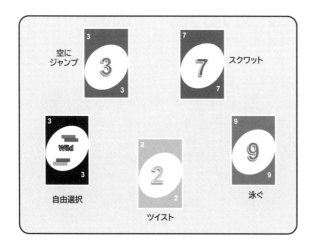

講師のプロセス

1. 参加者が疲れている様子であれば、「UNOスタイル」スライドを表示します。

2. 参加者に協力をしてもらい、画面からUNOスタイルカードを選択して丸で囲みます。

3. 丸で囲んだら、リフレッシュのために30秒間行うエクササイズであることを伝えます。

　　（ワイルドカードが選択されている場合、そのエクササイズは自由に選択できます）

4. ウェブカメラをオンにして、30秒のエクササイズに取り組んでもらいます。

5. タイマーが終了したら、参加者に「エクササイズ」をする前と比べて今の気分はどう変わったかをチャットに書き込むように依頼します。

・タイマーを30秒間で設定します。

バリエーション

・30秒ではなく、選択した数に基づいて行うこともできます。選択された数が、アクティビティを実行する回数となります。

　例：赤7が選択されている場合、参加者は7回スクワットを行う。

・1人に1枚が割り当てられるよう十分な枚数のUNOスタイルカードをスライド上に表示します。各参加者はホワイトボードの上または下に名前を入力します。そして、カードに割り当てられたエクササイズを、決められた時間内に実施します。

・30秒ではなく、15秒にして2セット実施するというやり方もあります。

・状況に応じて、「アクティビティ15　ハートスマート」のように実行可能なエクササイズに変更しましょう。

アクティビティ26　どちらから読んでも

C　クロージング
L　ラーニング
O　オープニング
S　ソフトオープニング
E　エナジャイザー
R　リビジット

研修の長さ：問わない
所要時間：5分
講師のスキルレベル：初級
参加者のスキルレベル：初級
準備するもの：スライド
必要なツール：チャット

	ツールに親しむ
	ブレーンストーミング（アイデア出し）
	学びを整理する
★	場づくり、コミュニティの醸成
	関係構築
	新しいアイデアの創出
★	新しいコンセプトの紹介
	これから学ぶ内容の事前確認
	予備知識の確認
	過去に学んだ内容を思い出す
★	参加者の集中力を高める
	振り返り、リビジット
	新しい情報の学習

3

オンラインアクティビティ集

スライドの準備

1. 以下を含むスライドを作成します（これらは個々のスライドに分割できます）。

□ タイトル：どちらから読んでも

□ 文字がたくさん散らばっている背景の画像

□ 3、5、または7文字の長さで、上からでも下からでも同じ読み方をする単語をできるだけ多くチャットに書き込む

□ いくつかの回答を含む2番目のスライドを作成する（オプション）

　・3文字：トマト、やおや、近畿、サルサ、ルール

　・5文字：しんぶんし、よく聞くよ、足しました

　・7文字：確かに貸した、ダンスが済んだ

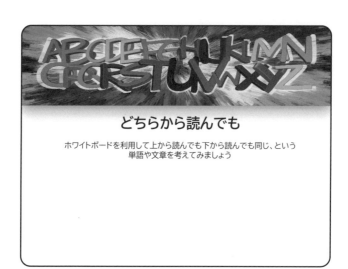

どちらから読んでも

ホワイトボードを利用して上から読んでも下から読んでも同じ、という
単語や文章を考えてみましょう

講師のプロセス

1. 「どちらから読んでも」スライドを表示します。

2. 参加者に60秒間で自分のアイデアをチャットに書き込むように依頼します。

3. 時間が経過したら、次のスライドに進みます。

4. 回文と、学習中または学習予定の内容との関係について参加者に考えてもらい、チャットに入力を促します。そして、入力された内容を声に出して読んでください。

   例：「複数の角度から情報を見ると、同じ答えが得られることがある」

   　　「プロセスが長いほど、両方の方法で機能することを確認するのが難しくなってしまう」

5. 回文の長さに関係なく、このアクティビティは、短時間で参加者の脳を活性化することができます。

プロデューサーのプロセス

・チャットで参加者に反応します。

バリエーション

・回文の最初と最後の文字だけのリストを作成し、何文字が入力されるかを確認します。

・クイックエナジャイザーとして30〜60秒間で行うこともあります。

・反応を早めるために3文字のもののみをグループでブレーンストーミングすることもできます。

・より複雑なものを好むような参加者が多い場合は、答えを5文字以上に制限することもできます。

・可能な限り、回文をコンテンツに結びつけます。回文を使用し、次のトピックに移行します。

活用例

・「ルールを伝えて言葉や文章を考えてもらう」というこのアクティビティは、日本語の場合は、「575で表現してもらう」というアクティビティに置き換えるのもお勧めです。「おおっ」と声があがるような川柳が披露されるかもしれません。

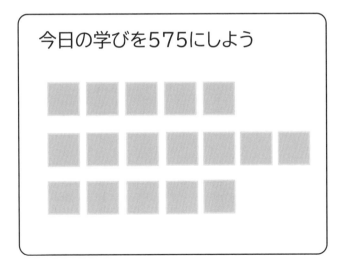

アクティビティ27　ポップクイズ

C	クロージング	
L	ラーニング	
O	オープニング	
S	ソフトオープニング	
E	エナジャイザー	
R	リビジット	

★	ツールに親しむ
	ブレーンストーミング（アイデア出し）
	学びを整理する
	場づくり、コミュニティの醸成
	関係構築
	新しいアイデアの創出
★	新しいコンセプトの紹介
★	これから学ぶ内容の事前確認
★	予備知識の確認
★	過去に学んだ内容を思い出す
★	参加者の集中力を高める
★	振り返り、リビジット
★	新しい情報の学習

研修の長さ： 問わない
所要時間： 1-5分
講師のスキルレベル： 初級
参加者のスキルレベル： 初級
準備するもの： スライド
必要なツール： 投票

スライドの準備

1. タイトルスライドを作成し、投票ボタンが配置されている場所の小さなスクリーンショットを載せます。

　　□ タイトル　：　ポップクイズ

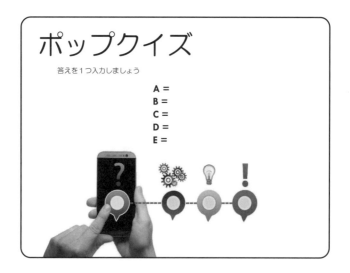

投票の準備

1. 使用するプラットフォームの投票機能を確認しておきましょう。

2. 研修中にとりあげられた、またはとりあげられる予定のコンテンツに関連する質問を投票として用意します。プラットフォームで可能であれば、最大3問を準備します。

　　□ 質問に番号をつける

　　□ 必要な回答や選択肢を作成する

　　□ ポップクイズの解説スライドを作成する

3. 3問の質問の回答パターンは同じになるようにします。

　　例：はい／いいえ、〇／X、A-Eなど

講師のプロセス

1. 最初の「ポップクイズ」スライドを表示します。

2. 研修全体で投票機能を使うことを伝えます。

3. 投票機能を起動し、各自が質問に回答します。

4. 全員が回答した後、参加者の結果を表示し、正しい回答を解説します。

5. プラットフォームで結果を表示できない場合は、参加者に回答を案内し、解説をメモするよう伝えます。

プロデューサーのプロセス

・ホワイトボードにタイトルが表示される前に、投票の回答パターンを調整します。

　例：はい／いいえ、〇／X、A-E

バリエーション

・「問題」という言葉を使うと、参加者が緊張感を抱く場合があります。もっと楽しくするために、「クイズ」などの言葉を用いましょう。

・時間に余裕がない場合、またはスライドを準備できなかった場合は、ホワイトボードを追加して、そこに質問を入力します。

・参加者が競争を楽しむタイプのようであれば、クイズを採点し、参加者に自

分のスコアを記録してもらいます。難しい質問には、より多くのポイントを
与えます（各スライドにポイント値を追加します）。

・基本的に、ポップクイズは採点する必要はありません。ただし、講師は、確
実に覚えて欲しいことをとりあげ、参加者にもそれが伝わるようにしましょ
う。

・使用しているプラットフォームに投票機能がない場合は、ホワイトボードに
質問と選択肢を表示し、参加者に正しいと思うものを強調表示またはマーク
してもらう方法も可能です。

アクティビティ28　ポップアップ

C　クロージング
L　ラーニング
O　オープニング
S　ソフトオープニング
E　エナジャイザー
R　リビジット

研修の長さ：問わない
所要時間：1-5分
講師のスキルレベル：初級
参加者のスキルレベル：初級
準備するもの：スライド
必要なツール：チャット、投票

★	ツールに親しむ
	ブレーンストーミング（アイデア出し）
	学びを整理する
	場づくり、コミュニティの醸成
	関係構築
	新しいアイデアの創出
★	新しいコンセプトの紹介
★	これから学ぶ内容の事前確認
★	予備知識の確認
★	過去に学んだ内容を思い出す
★	参加者の集中力を高める
★	振り返り、リビジット
★	新しい情報の学習

オンラインアクティビティ集

スライドの準備

1. 次のような「ポップアップ」ルールスライドを作成します。

☐ 最初に手を挙げた人：質問に答える

☐ 2番目に手を挙げた人：運動を選択する

☐ 2人以外：ポップアップして（立ち上がって）、質問への回答中に運動
　　　を行う

＊必要に応じてこれらのルールを変更する

2. 事前に作成された質問スライドを作成し、「挙手」ボタンが配置されている
場所の小さなスクリーンショットを入れておきます。

☐ 対象となるコンテンツについてスライドに1つの質問を書く

☐ スライドの下部に、5つの異なるタイプのエクササイズを挙げる

例：足踏み、片足バランス、ヨガ、カーフレイズ（かかとの上げ・下げ）、
　　ボクササイズ（右左右、左右左と握りこぶしを前に出す）

☐ 必要な数の質問スライドを作成する

1. 使用するプラットフォームのリアクション機能を理解しておきましょう（挙手や♡を見逃さないようにします）。

講師のプロセス

1. ルールスライドを表示し、次の手順でインストラクションをします。

① 「これらのスライドが"ポップアップ"すると、最初に手を挙げて答えを共有した人がポイントを獲得します」

② 「これから学んだコンテンツに関してランダムなクイズが出てきます」（会社または製品に関して出題するのもお勧めです）

③ 「2人目の人が手を挙げて、クイズの下部にリストされているエクササイズを1つを選びます。その後、他の参加者は全員、最初に手を挙げた人が質問に答えている間、選ばれたエクササイズを続けます」

④ 「質問の答えが間違っている場合、回答権は2番目に手を挙げた人に送られます」（または講師が答えを明らかにします）

2. 質問スライドの例を表示します。

3. ウェブカメラをオンにして立ち上がってもらい、選択したエクササイズを
デモンストレーションします。

4. 「ポップアップ」を実施します。

プロデューサーのプロセス

・質問がホワイトボードに表示される前に、投票機能がきちんと作動している
ことを確認してください。

バリエーション

・スライドを準備できなかった場合は、ホワイトボードを利用し、そこに質問
を入力します。

・競争を楽しむ参加者であれば、2～5分間タイマーを設定し、参加者にでき
るだけ多くの「ポップアップ」の質問に答えてもらい、最終的なポイントを
獲得できるようにします。

・プラットフォームで「挙手」ボタンが使用できない場合は、マイクをオンに
して音声で反応してもらうのも良いでしょう。

アクティビティ29　質問タイム!

C クロージング
L ラーニング
O オープニング
S ソフトオープニング
E エナジャイザー
R リビジット

研修の長さ: 問わない
所要時間: 5-15分
講師のスキルレベル: 初級
参加者のスキルレベル: 初級
準備するもの: スライド
必要なツール: ホワイトボード、書き入れるツール（オプション:チャット、ブレイクアウトルーム）

	ツールに親しむ
★	ブレーンストーミング（アイデア出し）
	学びを整理する
★	場づくり、コミュニティの醸成
	関係構築
	新しいアイデアの創出
★	新しいコンセプトの紹介
	これから学ぶ内容の事前確認
★	予備知識の確認
	過去に学んだ内容を思い出す
	参加者の集中力を高める
★	振り返り、リビジット
	新しい情報の学習

スライドの準備

1. 以下を含むスライドを作成します。

□ タイトル:質問タイム!

□ 大きな「?」の画像

資料の準備

1. 研修中に参加者が質問を書き留めておくための「質問」というタイトルの
ページを配付資料に入れておきます。

講師のプロセス

1. 参加者に配付資料の「質問」ページを見てもらいます。

2.「質問タイム！」スライドを表示します。

3.「質問」ページに書いた質問を60秒間で見返して、解決済みのものに印を
つけてもらいます。

4. その後、未解決の質問については、制限時間内にホワイトボードなどに投
稿してもらいます。

＊複数回にわたって研修が行われている場合は、質問をためておく場所を
用意し、そこに質問を残してもらう方法もある

5. 投稿された質問に答えます。

6. クロージングとして使用する場合、すでにとりあげられているコンテンツ
が質問として出されるかもしれません。ある人の質問に対して、他の人が
回答できるかもしれません。人によっては何かを見逃したり、聞きもらし
たりしていて、情報を必要としているかもしれません。こうした場合、講
師が回答する前に、参加者同士で、他の人からの質問に対して回答できる
ものがあれば、チャットにコメント（またはホワイトボードに書き込み）
してもらいましょう。

7. リビジットまたは研修2日目のオープニングの手法として使用する場合は、
参加者に初日の研修からの配付資料に質問を書いてもらい、そのうち未解
決のものを2日目の研修で投稿してもらいます。その後、ブレイクアウト
ルームに分かれて2～4分で答えを考えます。その際ホワイトボードに質
問への回答を書き込みます。全員をメインルームに戻し、投稿された回答
を使用して1つひとつ質問を確認していきます。

＊事前にランダムに質問を選択して、ブレイクアウトルームでディスカッ
ションに取り組んでもらうこともできる

＊これらの質問は、その後のオンライン研修でクイズにするなど、別のア

クティビティに使用することもできる

1. 60秒間タイマーを設定します。

2. チャットで質問に答えます。

3. ホワイトボードの質問を保存します。

4. タイマーを5分間設定します（バリエーションのみ）。

バリエーション

・事前に作成されたコンテンツに関する質問を使用し、参加者にホワイトボードに回答を投稿してもらうこともできます。または、ホワイトボードに回答を表示して、参加者に質問を投稿してもらうアクティビティとするのも可能です。

・質疑応答に時間がかかりすぎないようにするために、カウントダウンタイマーを使用して5分間という時間制限を設けて実施することもできます。

・参加者に、答えがわからない質問のみを投稿してもらうと良いでしょう。

C	クロージング
L	ラーニング
O	オープニング
S	ソフトオープニング
E	エナジャイザー
R	リビジット

★	ツールに親しむ
	ブレーンストーミング（アイデア出し）
	学びを整理する
	場づくり、コミュニティの醸成
	関係構築
	新しいアイデアの創出
	新しいコンセプトの紹介
	これから学ぶ内容の事前確認
★	予備知識の確認
	過去に学んだ内容を思い出す
★	参加者の集中力を高める
★	振り返り、リビジット
	新しい情報の学習

研修の長さ：問わない
所要時間：5-15分
講師のスキルレベル：初級
参加者のスキルレベル：初級
準備するもの：スライド
必要なツール：各グループでのホワイトボード

スライドの準備

1. コンテンツに関連する質問のリストを作成し、講師用マニュアルに書き留めておきます。
2. これらの質問に対する回答を書き出しておきます。
3. すべての質問と回答（Q&A）のリストを含むスライドを作成します。

1. 研修中適切なタイミングで、ホワイトボードを出し、参加者のさまざまな興味や関心を刺激するような質問を入力します。
2. 質問に対して参加者はメモ用紙に答えを書き留めます。時間は30秒以内です。
3. オンライン研修全体でこれを数回行います。
4. 研修の最後に、これまでに出した質問を全部表示し、ランダムに参加者から回答を共有してもらいます。
5. 共有してくれた参加者に感謝を伝えます。
6. 共有された回答に対し、コメントをします。

プロデューサーのプロセス

1. タイマーを30秒間設定します。
2. （バリエーションの場合）参加者の質問をキャプチャします。

バリエーション

・積極的に回答をシェアしてくれた参加者に小さなギフトやポイントを贈ります。
・講師が質問を用意するのではなく、参加者にボランティアで質問を投稿してもらうこともできます。

アクティビティ31　熟語パズル

★	ツールに親しむ
	ブレーンストーミング（アイデア出し）
	学びを整理する
	場づくり、コミュニティの醸成
	関係構築
	新しいアイデアの創出
	新しいコンセプトの紹介
	これから学ぶ内容の事前確認
★	予備知識の確認
	過去に学んだ内容を思い出す
★	参加者の集中力を高める
★	振り返り、リビジット
	新しい情報の学習

C　クロージング
L　ラーニング
O　オープニング
S　ソフトオープニング
E　エナジャイザー
R　リビジット

研修の長さ：問わない
所要時間：5分
講師のスキルレベル：初級
参加者のスキルレベル：初級
準備するもの：スライド
必要なツール：チャット

オンラインアクティビティ集

スライドの準備

1. 以下を含むスライドを作成します（これらは個々のスライドに分割できます）。

☐ タイトル：熟語パズル

☐ 散らばっているたくさんのランダムな単語の背景の画像

☐ 一文字目と二文字目の漢字が文章としてつながる熟語をチャットに書き込む

例：水泳（水を泳ぐ）、旅行（旅に行く）、改造（改めて造る）、確認（確かに認める）

＊オプションとして別のパターンも準備できる

● 2文字目と1文字目の漢字が文章でつながる熟語

例：「違法（法に違う）」「乗車（車に乗る）」「就職（職に就く）」「着席（席に着く）」「登山（山に登る）」

● 1文字目が2文字目を修飾する熟語

例：「海溝（海の溝）」「冷水（冷たい水）」「暖冬（暖かい冬）」「黒板（黒い板）」「新芽（新しい芽）」

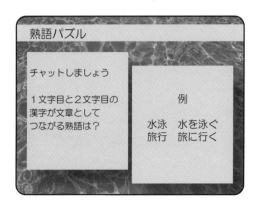

1. 「熟語パズル」スライドを表示します。
2. 参加者にルールを説明し、推測やアイデアをホワイトボードに書き込むように依頼します。
3. エナジャイザーとして使用している場合は、90秒程度で次のコンテンツに進みます。オープニングとして使用する場合は、単語と研修のテーマを関連づけるように投げかけます。

インストラクション例

　単語が両方の方法で読めることを発見することは、学習のようなものです。

　学習は発見プロセスです。

　効果的にコンテンツを学習するためには、意図的に単語を探す時と同じように、「意図」が求められるものです。

　知りたいという姿勢、新たな方法を探そうという姿勢を持続することが重要です。

プロデューサーのプロセス

1. チャットを介して参加者に拍手をします。

2. アイデアをホワイトボードに載せて、発想を刺激します。

バリエーション

・クイックエナジャイザーの場合は、30~60秒の時間を計ります。

・スピーディに進行するために、2文字の熟語をブレーンストーミングします。
　考察タイプの参加者が多い場合は、3文字以上のパターンも提示します。

・可能な限り、熟語パズルをコンテンツに結びつけます。パズルという言葉を
　使用して、新しいトピックに移行します。

活用例

・次のようなスライドを用いることで、さまざまな研修で使用できるでしょう。

自分のプレゼンテーションの課題を
熟語で表現すると？？

アクティビティ32　なぞなぞ

	ツールに親しむ
	ブレーンストーミング（アイデア出し）
	学びを整理する
★	場づくり、コミュニティの醸成
	関係構築
	新しいアイデアの創出
★	新しいコンセプトの紹介
	これから学ぶ内容の事前確認
	予備知識の確認
	過去に学んだ内容を思い出す
★	参加者の集中力を高める
	振り返り、リビジット
	新しい情報の学習

C　クロージング
L　ラーニング
O　オープニング
S　ソフトオープニング
E　エナジャイザー
R　リビジット

研修の長さ：問わない
所要時間：5分
講師のスキルレベル：初級
参加者のスキルレベル：初級
準備するもの：スライド
必要なツール：チャット

スライドの準備

1. 次のようなスライドを作成します。

スライド例1

□「白くなめらかで、学習が行われる場所で、私は思考を伝えるのに役立ちます。私は何でしょう？」

□「あなたの答えをチャットに書き込んでください」

□「答え　ホワイトボード」

2. 次のスライドセットを作成します。

スライド例2

□「私はコミュニケーションのきっかけで、出会いの場で、私はテクノロジーです。私は何でしょう？」

□「あなたの答えをチャットに書き込んでください」

□「答え　SNS」

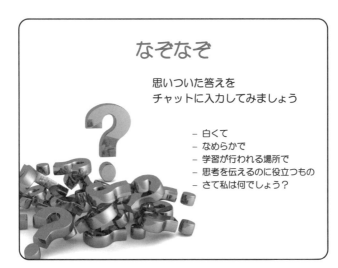

講師のプロセス

1.「なぞなぞ」スライドを表示します。

2. 参加者に、答えやアイデアを思いついた時にチャットに書き込むように依頼します。

3. 誰かが正しい答えを見つけたら、次のスライドに進みます。

4. すべて終わったら、参加者に、なぞなぞと、学習中または学習予定の内容を関連づけるように伝えます。

＊参加者にエネルギーを与え、脳を活性化させる方法として使用できる

プロデューサーのプロセス

・なぞなぞへの回答を確認し、関連する可能性のある回答を講師用マニュアルに記録します。

バリエーション

・各参加者に、対象となる学習テーマまたはトピックについてのなぞなぞを考えてもらいます。これらは、次のオンライン研修の前に（回答とともに）講師にメールで送信してもらいましょう。

・次の研修で参加者が考えた「なぞなぞ」を使用して、コンテンツのリビジットをします。
・迅速に反応してもらいながら進行できるように、簡単ななぞなぞを使用します。考察タイプの参加者が多い場合には、複雑ななぞなぞを使用しても良いでしょう。
・可能な限り、なぞなぞをコンテンツに結びつけます。
・あるトピックから別のトピックに移行する方法としてなぞなぞを使用することもできます。

アクティビティ33　課題と解決

C　クロージング
L　ラーニング
O　オープニング
S　ソフトオープニング
E　エナジャイザー
R　リビジット

研修の長さ：60分以上
所要時間：5-10分
講師のスキルレベル：初級
参加者のスキルレベル：初級
準備するもの：スライド
必要なツール：各グループでのホワイトボード

	ツールに親しむ
★	ブレーンストーミング（アイデア出し）
	学びを整理する
★	場づくり、コミュニティの醸成
★	関係構築
	新しいアイデアの創出
★	新しいコンセプトの紹介
★	これから学ぶ内容の事前確認
★	予備知識の確認
★	過去に学んだ内容を思い出す
	参加者の集中力を高める
★	振り返り、リビジット
	新しい情報の学習

スライドの準備

1. 設定されている目的（のリスト）を掲載した「目的」スライドを作成します。

2. 左上隅に「課題」、右上隅に「解決策」という単語が含まれる「課題と解決」スライドを作成します。スライドに垂直線を入れて、スライドを半分に分割します。背景画像として、探偵を想起させる画像を利用するのも良いでしょう。

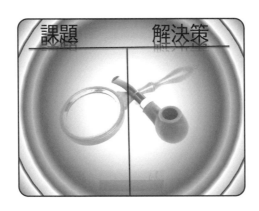

1. 参加者がログインした後、「目的」スライドから次に進みます。

2. 「課題と解決」スライドが表示されたら、参加者に、スライドの「課題」部分に、研修で学ぶトピックについて、質問を投稿してもらいます。

3. 質問の投稿が一段落した後、質問を読み、ホワイトボードの「解決」側で質問に答えていきます。

4. オンライン研修に対する経験値と知識は参加者間で差があることが多いため、参加者に質問への答えを考えてもらう前に、講師がいくつかの質問に回答するようにします。

5. 研修全体を通して、適宜「課題と解決」ホワイトボードに戻り、他に回答できる質問がないかを確認します。

6. 質問に答えるたびに、「解決」側に答えを書いて、そしてまた「課題」側の質問を消します（取り消し線を引くなど）。

7. 研修の終わりまでに、左側のすべての質問について、右側で回答する必要があります。

8. クロージングで行う時には、研修開始時に質問を書き出しておいてもらい、研修の最後にスライドをもう一度見て、回答されている場合は参加者に質問に取り消し線を引いてもらいます。取り消し線が引かれていなければ、時間をかけて回答するか、参照先を伝えるなど答えを明らかにします。

1. 講師が質問に回答した時には、チェックを入れたり取り消し線を引いたりします。

   ＊講師が実施する場合もある

2. 参加者の質問と回答をホワイトボードに記録して、よくある質問のリストに追加します。

・プラットフォームでオブジェクトの配置変更が可能な場合は、回答された質問を解決済みの側にドラッグして、チャットまたは口頭で回答を共有しても

らうことができます。

・時間が足りない場合や初心者の参加者が多い場合は、質問を入力してもらい、回答がわかる質問にハイライトまたは星印などをつけてもらうことも可能です。

活用例

【例：カスタマーサービス研修】

・カスターマーサービス研修などで、「オンラインでのクレーム対応での問題」を随時受け付けておきます。そして、見つかった解決策を、その都度、右側に書き入れるようにしていきます。

・プロデューサーが書き込まれた内容を保存し、進行に活用するようにしましょう。

課題	解決策

アクティビティ34　リアクションアンケート

C　クロージング
L　ラーニング
O　オープニング
S　ソフトオープニング
E　エナジャイザー
R　リビジット

★	ツールに親しむ
	ブレーンストーミング（アイデア出し）
★	学びを整理する
★	場づくり、コミュニティの醸成
★	関係構築
★	新しいアイデアの創出
★	新しいコンセプトの紹介
★	これから学ぶ内容の事前確認
★	予備知識の確認
★	過去に学んだ内容を思い出す
★	参加者の集中力を高める
★	振り返り、リビジット
★	新しい情報の学習

研修の長さ：問わない
所要時間：1-5分
講師のスキルレベル：初級
参加者のスキルレベル：初級
準備するもの：スライド
必要なツール：投票、リアクション（反応ボタン）

スライドの準備

1. 質問と、使用するリアクション機能のスクリーンショット、または絵文字の画像を含む「リアクションアンケート」スライドを作成します。

☐ 笑顔の絵文字、挙手や拍手ボタンで賛成を示すことができる

☐ 質問は、ペース、内容、研修内容への関心のレベル、事前知識に関する〇/×やはい/いいえで答えるものなどがある

＊必要な数の質問スライドを作成する。

1. 使用するプラットフォームのリアクション（反応ボタン）機能を理解して
おきます。

1. 「リアクションアンケート」スライドを表示します。

2. これがアンケートであることを共有します。

3. 質問に対する投票の回答を選択する間、参加者に立ち上がってストレッチ
をしてもらいます。

4. ウェブカメラをオンにして、まずは講師が立ち上がって、見本を見せ、参
加者にも立って投票することを促します。

5. 全員が回答を選択したら、回答を投稿するか、質問に対する全体的な反応
について話します。

・技術的な問題や質問がある参加者をサポートします。

バリエーション

・迅速な対応が必要で、スライドを準備する機会がなかった場合は、ホワイトボードを共有して、質問を入力し、表示します。

・時間が不足している場合は、タイマーを2分間設定し、参加者にできるだけ多くの質問に答えてもらいます。

・参加者に、手を挙げて発言をしたり、ホワイトボードに入力してもらったりして、投票に使う質問を作成することもできます。または、参加者にブレイクアウトルームで対象となるコンテンツを確認し、1人あたり1つの質問を考え出してもらう方法も可能です。完了したら、質問をメインルームでシェアして、投票の質問として使用します。

アクティビティ35　スポーツマニア

C　クロージング
L　ラーニング
O　オーフニング
S　ソフトオープニング
E　エナジャイザー
R　リビジット

	ツールに親しむ
	ブレーンストーミング（アイデア出し）
	学びを整理する
★	場づくり、コミュニティの醸成
	関係構築
	新しいアイデアの創出
	新しいコンセプトの紹介
	これから学ぶ内容の事前確認
	予備知識の確認
	過去に学んだ内容を思い出す
★	参加者の集中力を高める
	振り返り、リビジット
	新しい情報の学習

研修の長さ： 問わない
所要時間： 1-5分
講師のスキルレベル： 初級
参加者のスキルレベル： 初級
準備するもの： スライド
必要なツール： チャット

スライドの準備

1. 以下を含む「スポーツマニア」スライドを作成します。

　　□ 以下の選択肢と画像

　・バスケットボールでジャンプシュートをする

　・リレーを走る

　・野球でバッティングをする

　・テニスボールをスマッシュする

　・下り坂でスキーを滑る

　・バレーボールのスパイクをする

　・ゴルフクラブをスイングする

　・サッカーボールをドリブルする

　・サッカーボールをリフティングする

　・アーチェリーの矢を放つ

　・ホッケーのパックを打つ

　・水中で泳ぐ

1. 参加者から疲れている様子がうかがえたら、「スポーツマニア」スライドを表示します。

2. 参加者に、お気に入りのスポーツをチャットに書き込んでもらい、プレイする際のよくある動き、または視聴する際によく見る動き、つまりそのスポーツでよく行われる動きを1つ、伝えてもらいます。

3. 独自のアイデアでも、スライドの中から選択することもできます。

4. ここで、「スポーツマニア」の休憩の時間であることを発表します。

5. 30〜45秒間チャットに書き込んだ動きを実行し身体を動かしてもらいます。

6. 講師がウェブカメラで動きを実演して参加を促します。

7. タイマーが終了したら、参加者に動く前と現在の気分の変化をチャットに記入してもらいます。

プロデューサーのプロセス

・タイマーを30〜45秒間設定します。

バリエーション

・リストを画面に表示し、参加者に15秒ごとに動きを変更してもらいながら、
　最大1分間動いてもらいます。

・予定外のエナジャイザーが必要になった場合は、空白のホワイトボードを作
　成し、参加者に好きなスポーツを投稿してもらいます。その後、立ち上がっ
　てもらい、そのスポーツの動きを30秒間行います（この方法であれば、いつ
　でもすばやく取り入れることができます）。

・「私は新体操の大会を見るのが好きです。演技の最後に、選手はポーズを決め
　ます。その時の視線（目力）がポイントです」と、このように伝えて、アク
　ティビティの一例を一緒にやってもらうこともあります。

アクティビティ36　付せんに書こう!

C	クロージング
L	ラーニング
O	オープニング
S	ソフトオープニング
E	エナジャイザー
R	リビジット

★	ツールに親しむ
★	ブレーンストーミング（アイデア出し）
★	学びを整理する
	場づくり、コミュニティの醸成
★	関係構築
	新しいアイデアの創出
	新しいコンセプトの紹介
	これから学ぶ内容の事前確認
	予備知識の確認
	過去に学んだ内容を思い出す
	参加者の集中力を高める
★	振り返り、リビジット
	新しい情報の学習

研修の長さ：問わない
所要時間：2-5分
講師のスキルレベル：初級
参加者のスキルレベル：初級
準備するもの：付せん
必要なツール：チャット、双方向オーディオ

スライドの準備

1. 付せんの画像と配付資料の学んだ内容を書き込むページのページ番号が記載されたタイトルスライドを作成します。

☐ タイトル：付せんに書こう!

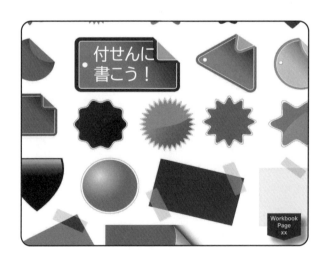

その他の準備

1. 参加者が研修全体で学んだ内容を書き留めるための配付資料を発送（送付）します。

2. 資料発送の際に、付せんを同封します（発送しない場合は、付せんを各自で用意するよう依頼します）。

講師のプロセス

1. 「付せんに書こう！」スライドを表示します。

2. 参加者に配付資料を開いてもらいます。

3. 60秒待って、学びを2～3つページに追加してもらいます。

4. 60秒後、すぐに行動を起こしたいアイデアを1つ、付せんに記入してもらいます。

5. 参加者がどんなことを書いているかを把握するために、付せんに書いたことをチャットに書き込んで（または双方向オーディオを使用して共有して）もらいます。

プロデューサーのプロセス

・タイマーを60秒間設定します。

バリエーション

・付せんの代わりにマーカーを使用してもらうことができます。

・疲労が感じられる場合は、立ち上がってストレッチ休憩をとります。

・クロージングとして使用する場合は、全員にチャットまたはホワイトボードに記入してもらいます。

アクティビティ37　チームで協力!

C	クロージング
L	ラーニング
O	オープニング
S	ソフトオープニング
E	エナジャイザー
R	リビジット

★	ツールに親しむ
★	ブレーンストーミング（アイデア出し）
★	学びを整理する
★	場づくり、コミュニティの醸成
★	関係構築
★	新しいアイデアの創出
★	新しいコンセプトの紹介
★	これから学ぶ内容の事前確認
★	予備知識の確認
★	過去に学んだ内容を思い出す
★	参加者の集中力を高める
★	振り返り、リビジット
★	新しい情報の学習

研修の長さ：問わない
所要時間：15分
講師のスキルレベル：中級
参加者のスキルレベル：中級
準備するもの：スライド、配付資料
必要なツール：ブレイクアウトルーム、各グループでのホワイトボード

資料の準備

1. 参加者が研修全体で学んだ内容を書き留めるための配付資料を発送（送付）します。

スライドの準備

1. 以下を含むスライドを作成します。

　　□ タイトル：チームで協力！

　　□ チームリーダーは、今週、車の運転時間がもっとも長い人

　　□ タスク：重要なポイントをブレーンストーミングし、チームで重要なポイントを3つ選ぶ（アクティビティの目的に基づいてタスクを変更する）

チームで協力！

チームリーダー: 今週、車での移動距離が一番長い人

ホワイトボードを使ってテーマについてブレインストーミングを行います。
出されたアイデアのうち、ベスト3を選んでマークを書き入れましょう。

講師のプロセス

1. 参加者に、配付資料に目を向けてもらいます。

2. 「チームで協力！」スライドを表示します。

3. この後、ブレイクアウトルームに分かれることを伝えます。そして全員に
   共通するテーマについてブレーンストーミングをしてもらいます。ラーニ
   ング（コンテンツを学ぶアクティビティ）として使用されている場合は、
   参加者が協力してタスクを達成するようにします。

4. 参加者に、プラットフォームのツール（さまざまな色、描画ツール、テキ
   ストなど）を使用してホワイトボードにアイデアを書き込んでもらいます。
   時間は3〜4分とします。

5. チームのリーダーに、残り1分になったらアイデア出しをやめ、ブレーン
   ストーミングで出されたアイデアの中からチームベスト3を相談して決定
   するよう依頼します。

6. すべてのグループがメインの部屋に戻ってきたら、チームのリーダーが、
   ベスト3が書かれたホワイトボードを共有します。重複するアイデアは、
   くり返す必要はありません。

7. 各チームが発表している間、参加者にワークブック（配付資料）の該当の

ページにアイデアを書き加えてもらいます。

プロデューサーのプロセス

1. ブレイクアウトルームを作成します。

2. 事前に作成したスライドを、ブレイクアウトルームにインストラクションとともに表示します。

3. タイマーを3〜4分間設定し、カウントダウンします。

4. チャットで質問に答えます。

5. ブレイクアウトルームに移動し、質問に答えます。

6. ブレイクアウトルームで作成しているホワイトボードを、メインルームに投影します（プラットフォームによっては画像をシェアします）。

バリエーション

・少人数の研修では、メインルームで全員でこれを行います。

・ブレイクアウトルームごとに、1つのセクションを選択し、そのセクションで学んだ重要なことをブレーンストーミングするアレンジも可能です。

ブレイクアウトルームでブレスト

意見をホワイトボードに残し、重要なもの3つに★を書き入れましょう

アクティビティ38　ゴミ拾い

C	クロージング
L	ラーニング
O	オープニング
S	ソフトオープニング
E	**エナジャイザー**
R	リビジット

研修の長さ：問わない
所要時間：1-5分
講師のスキルレベル：初級
参加者のスキルレベル：初級
準備するもの：スライド、紙くず
必要なツール：投票

	ツールに親しむ
	ブレーンストーミング（アイデア出し）
	学びを整理する
★	場づくり、コミュニティの醸成
	関係構築
	新しいアイデアの創出
	新しいコンセプトの紹介
	これから学ぶ内容の事前確認
	予備知識の確認
	過去に学んだ内容を思い出す
★	参加者の集中力を高める
	振り返り、リビジット
	新しい情報の学習

3

オンラインアクティビティ集

スライドの準備

1. 以下を含むスライドを作成します。

☐ タイトル：ゴミ拾い

☐ 背景にゴミ箱またはゴミ収集車の画像を入れる

☐ 以下の選択肢をリストアップする

・ひじとひじ

・足と足

・ひざとひざ

・前腕とひじ

・足とひじ

・ひざとひじ

・額と手の甲

・つま先と手の指

ゴミ拾い

○おでこと手の甲で
○右手と左ひじで
○右足と左足で
○つま先と指先で
○ひざとひじで
○足とひじで

講師のプロセス

1. 参加者が疲れている様子であれば、「ゴミ拾い」のスライドを表示します。

2. 参加者は紙くずを見つけて、それを丸めてボールにします。

3. 各参加者は立ち上がって、部屋のあるスペースをゴミステーションと仮定します。

4. 挙手ボタンで合図をし、紙を丸めたボールをゴミステーションに投げます。

5. ボールがステーションに入らなかった場合は自由に拾うことができますが、スライドに記載されている選択肢の身体の部位を使った方法で拾うというルールを守ります。

6. ウェブカメラで動きを実演して参加を促します。

7. 全員がゴミを回収した後、参加者に絵文字またはアイコンを使用して自分の気持ちを示してもらいます。

プロデューサーのプロセス

1. ウェブカメラをオンにして参加します。

2. （バリエーションの場合）チームのポイントを記録します。

バリエーション

《競争を楽しむ参加者の場合》

・参加者をチームに分けます。

　例：東日本／西日本、暖かい飲み物が好き／冷たい飲み物が好き、など。

・参加者に毎回新しい「ゴミステーション」を決めてもらい、ゴミ拾いのエナ
　ジャイザーを2〜3回続けて行います。

・ゴミステーションに1回で入ると1ポイントを獲得します。1回で入らなかっ
　たけれども指定された方法で回収した場合、2ポイントを獲得します。

・研修全体でこのアクティビティを複数回実施します。研修の後半では、ポイ
　ントを2倍にします。

・ゴミが本当に家の証書や小切手などの宝物だと想像してみると盛り上がるかも
　しれません。

《紙を使わない方法》

　紙を丸めたり、手元に紙がなかったり、紙くずを新たにつくったりすること
に抵抗がある方もいるかもしれません。そのような場合は、次のようなアレン
ジも可能です。

（例）

・靴下を丸める

・小さなハンドタオルを丸める

＊目的としては、少しゲーム感覚で身体を動かし、リフレッシュすることです
　から、つくったものを投げるのではなく「お手玉が何回できるかチャレンジ
　しよう」とするのも良いでしょう。

（訳注）

　日本の住宅事情を考慮すると、このアクティビティの実施は難易度が高いかも
しれません。無理をして取り入れるのではなく、状況にあう時に活用してください。

　難しい場合は、「部屋の中で散らかっているものを定位置に戻してください」
と伝え、整理整頓を行うアクティビティにしてみましょう。

アクティビティ39　障害物競争

C　クロージング
L　ラーニング
O　オープニング
S　ソフトオープニング
E　エナジャイザー
R　リビジット

研修の長さ：問わない
所要時間：5-10分
講師のスキルレベル：初級
参加者のスキルレベル：中級
準備するもの：スライド
必要なツール：各グループでのホワイトボード、
　　　　　　　　　チャット

	ツールに親しむ
	ブレーンストーミング（アイデア出し）
	学びを整理する
	場づくり、コミュニティの醸成
	関係構築
	新しいアイデアの創出
	新しいコンセプトの紹介
	これから学ぶ内容の事前確認
★	予備知識の確認
★	過去に学んだ内容を思い出す
★	参加者の集中力を高める
★	振り返り、リビジット
	新しい情報の学習

スライドの準備

1. 以下を含む「障害物競争」スライドを作成します。

☐ 画像間にスペースを空けてランダムに配置する

☐ 難易度を上げるためには、いくつかの画像を近づけて配置する

☐ 画像は、会社が販売する商品から楽しくて遊び心のあるものまで、何でもかまわない

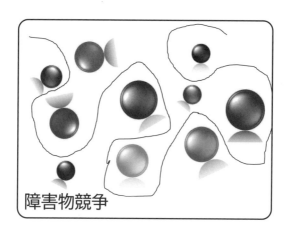

講師のプロセス

1. 「障害物競争」スライドを作成します。

2. 参加者に、プラットフォームのツールを使用して、画像を障害物と見立てて、自分と関連する画像の周りに線を引いていくように依頼します。その時に、途中で画像に線が重なったり、触れたりした場合は研修中にこれまでに学んだことを1つチャットに書き込んでもらいます。

3. 最初に線を引き終わった人がポイントを獲得します。

4. デモンストレーションが行った後、開始します。

5. チャットに書かれたコメントを読み上げます。

プロデューサーのプロセス

1. 必要な時間に応じてタイマーを設定します。

バリエーション

・スライドに参加者の名前を入れ、それぞれ使用する色を決めると、線を描いている中で、誰がリードしているのかが明らかになります。このように、競争（リレー）のように演出することもできるでしょう。

・スライドを再度表示し、参加者が前回のタイムを短縮できるかどうかを確認してもらうことも可能です。

活用例

【例：営業研修】

・「直近の1週間で、あなたが注力して販売した商品、関わった代理店、どんな行動でアプローチをしたかを線で結んでください」とインストラクションをし、線で結んでもらうこともできます。

アクティビティ40　キラーワードビンゴ

C　クロージング
L　ラーニング
O　オープニング
S　ソフトオープニング
E　エナジャイザー
R　リビジット

	ツールに親しむ
	ブレーンストーミング（アイデア出し）
★	学びを整理する
	場づくり、コミュニティの醸成
★	関係構築
	新しいアイデアの創出
★	新しいコンセプトの紹介
★	これから学ぶ内容の事前確認
★	予備知識の確認
★	過去に学んだ内容を思い出す
★	参加者の集中力を高める
★	振り返り、リビジット
★	新しい情報の学習

研修の長さ：問わない
所要時間：5～10分
講師のスキルレベル：中級
参加者のスキルレベル：初級
準備するもの：スライド
必要なツール：双方向オーディオ、ホワイトボード、ビンゴカード送付（送信）

スライドの準備

1. サンプルのビンゴカードを示すスライドを作成します。

B	I	N	G	O
入力	入力	入力	入力	
	入力		入力	入力
入力		空欄		入力
入力		入力	入力	
入力	入力	入力		入力

カードの準備

1. ビンゴカードの空欄に書き込む用語をリストアップした「単語」スライドを作成します。これを使用して、参加者は手元のビンゴカードの空欄を埋めます。この単語リストには空欄の数よりも多くの単語を掲載しましょう。

2. 5 x 5＝25のスペースのうち19を、研修で学ぶ内容やキーワードで埋めていきます。中央のスペースは空白にしておきます。

3. ビンゴカードを配付資料に入れておき、研修の前に参加者に印刷したものを郵送したり、電子メールでデータを送信したりしておきます。

4. 研修の最初と研修中に、何度かこのスライドを表示できるよう挿入しておきます。このスライドは参加者にゲームについて思い出させるためのものです。

講師のプロセス

1. 「キラーワードビンゴ」のサンプルスライドを表示します。

2. 参加者が研修にログインしたら、空欄を埋める単語を自由に記入してもらいます。空欄ごとに1つの単語を記入します。参加者が空欄に記入するのに2分半くらいの時間をみておきます。

3. 次にビンゴルールを共有します。参加者はビンゴカードに書かれた言葉が研修中に出てきたら印をつけ、さらにその言葉について学んだことを1つ余白に書き込むようにします。

4. 通常のビンゴゲームのように、参加者は、垂直、水平、または斜めに5つのボックスが連続するなど、一列を完成させた場合は、挙手ボタンで合図をするか、「ビンゴ！」とチャットに書き込みます。

5. 「ビンゴ！」した参加者はギフトやポイントを受け取ることになりますが、その前に、一列を完成させた単語5つについて、学んだ内容を全体にシェアしてもらいます。

6. 何人かがビンゴするまでくり返します。ただし、毎回ビンゴのパターンを変更しても良いでしょう。
《ビンゴのパターン例》
　・一列を完成させる

・四隅を完成させる

　・大文字の「T」を完成させる

　・大文字の「H」を完成させる　など

7. クロージングとして使用する場合は最後のスライドとして、ビンゴカード
スライドを挿入します。その場合は、参加者をペアにして、自分のカード
に記入した内容と、そのコンテンツで学習した内容を共有してもらいます。

プロデューサーのプロセス

1. 研修の前にビンゴカードを郵送/電子メールで送信します。

2. タイマーを2分半設定します。

3. チャットの質問に回答します。

4. ビンゴした参加者にギフトやポイントを贈ります。

バリエーション

・ビンゴカードをプラットフォームにアップロードし、各参加者がダウンロー
ドして印刷するように設定します。

・参加者側のタスクを増やすには、4 x 4のマスだけを印刷したカードにしま
す。そして16の枠に入る単語を何にするかもすべて自分で考えて記入しても
らいます。

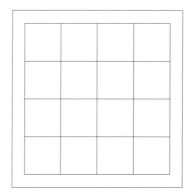

· 短い研修の場合は、3×3のマスを利用します。

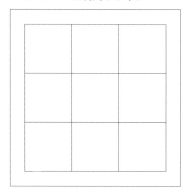

◎ビンゴカードの作成例（キャリアカウンセリングのキーワードの確認）

	質問紙法	ヘルピング	ワークショップ	ロジャース
積極的傾聴	ライフサイクル		テストバイアス	ワークシート
アイデンティティ	インフォーマル			エンプロイアビリティ
	労働基準法	リソース	アセスメント	守秘義務
ワークシート		スーパー	自己理解	強み

· このようにして1マスに1つの単語を入れ、空欄には他の単語を自分で書き入れてもらいます。
· また、単語を当てはめる枠は、1人ずつ違うものにする必要があります。同じ研修を複数回実施する場合は、最初に時間をとって準備しましょう。

・準備の時間がとれない場合は、空白のカードに参加者自身で書き入れてもらい
　ましょう。

アクティビティ41　シャーロック・ホームズ

C	クロージング
L	ラーニング
O	オープニング
S	ソフトオープニング
E	エナジャイザー
R	リビジット

研修の長さ：問わない
所要時間：5分
講師のスキルレベル：初級
参加者のスキルレベル：初級
準備するもの：スライド
必要なツール：チャット

	ツールに親しむ
	ブレーンストーミング（アイデア出し）
	学びを整理する
	場づくり、コミュニティの醸成
	関係構築
	新しいアイデアの創出
	新しいコンセプトの紹介
	これから学ぶ内容の事前確認
	予備知識の確認
	過去に学んだ内容を思い出す
★	参加者の集中力を高める
★	振り返り、リビジット
	新しい情報の学習

スライドの準備

1. 1つの回答を導き出す手がかりがあるスライドを作成します。プラットフォームでアニメーションが許可されている場合は、一度に1つの手がかりを明らかにします。そうでない場合は、事前に手がかりを用意し、ホワイトボードに1つずつ入力します。

シャーロック・ホームズ

1. 複数の手がかりを準備した後、リハーサルを行い、回答を導くのに十分な手がかりがそろっていることを確認します。

2. 参加者に複数のコンテンツについて推測してもらう場合は、追加のスライドを作成します。コンテンツまたはトピックごとに、手がかりを準備します。

講師のプロセス

1. スライドを表示します。

2. これは「推理する」ゲームであり、参加者が探偵であることを伝えます。参加者は、探偵が被る帽子、パイプ、虫眼鏡を身に着けた気分で、どのコンテンツの話をしているのかを推理します。

3. 研修でとりあげた内容に関する情報（手がかり）をスライドに表示します。これには文章も画像も使います。

4. 参加者は、文章と画像の両方の手がかりを見て、それが研修で学んだことの何を表しているのかを考え、チャットに書き込みます。一番早く正しい回答した人が、ギフトやポイントを獲得し、次のスライドに進みます。

5. 参加者が正解するたびに、それに関する学びを1つチャットに書き込んでもらいます。次のように問いかけても良いでしょう。
   例：「このトピックに関する最大の学びは何でしたか？」

プロデューサーのプロセス

1. チャットエリアを注視し、正解が出たらリアクションをします。

2. 正解した人に、ポイントやギフトを贈ります。

3. （バリエーションの場合）ブレイクアウトルームを作成します。タイマーを5〜10分間設定し、カウントダウンします。チャットを介して出てくる質問に答えたり、ブレイクアウトルームに移動し、質問に答えたりします。

バリエーション

・参加者に、ブレイクアウトルームで対象となるコンテンツの手がかりを作成
　してもらう方法もあります。ディスカッションやブレーンストーミングのた
　めに5〜10分を見込んでください。各グループに1つのコンテンツを割り当
　てますが、何が割り当てられたかは他のグループには知らせないように伝え
　ます。全員がメインルームに戻ったら、各グループに、一度に1つずつ手が
　かりを明らかにしてもらい、他の参加者に、どのトピックのことかを推理し
　てもらいます。

・研修の終わりに、クロージングとして使用することもあります。

活用例

・講師の一方的なレクチャーで進めるのではなく、このアクティビティを取り
　入れると、「クイズ番組」のような感覚で、参加者は楽しみながら取り組むこ
　とができます。

【例：ツアーコンダクターの研修】

・写真の入ったスライド（次のページ参照）を表示して、「ここはどこ？」と問
　いかけます。

・簡単な問題であれば早押しにし、難しい問題であれば、グループで考えても
　らう形にするなど、さまざまなアレンジが可能です。

・旅行業界だけでなく、さまざまな業界で活用できるアクティビティです。

【例：新入社員研修】

・たとえば、新入社員研修で、各部署からのレクチャーがある場合は、下記を
　スライドに載せます。

　　　　□ 部門
　　　　□ 部門を表す写真
　　　　□ レクチャーをした担当の方の写真

・そのうえで、「このレクチャーで学んだのはどんなことでしたか？　キーワー
　ドを3つ答えてください」といったクイズ形式にするのも良いでしょう。

ここはどこ？

第4章

オンライン研修における
デリバリー

4-1

パワフルなプレゼンテーションの コツ

　第3章ではすぐに活用いただけるテクニックとして、アクティビティの進め方を具体的に紹介してきました。こうしたアクティビティを効果的に進めるうえで欠かせないのが、デリバリーのスキルです。

　本章ではデリバリーを中心に、効果的な学びを生むためのテクニックを具体的に検討していきます。早速、プレゼンテーションのスキルから見ていきましょう。

本項の Key word

「プレゼンテーション」
「話し方」
「ジェスチャー」
「間」

パワフルなプレゼンテーションを行うために

オンライン研修をパワーアップさせるコツ

ブライアン・ランキンは、次のように言いました。

「プレゼンテーションでキャリアをつくることはできないが、プレゼンテーションはキャリアを台無しにすることがある」

ここまで、すばらしい研修の設計・開発という大変な作業をしてきたのですから、良くないプレゼンテーションのせいで研修を台無しにするのは避けたいものです。

では、パワフルなプレゼンテーションのヒントにはどんなものがあるのでしょうか。

声にエネルギーを注ぐこと？
情熱を伝えること？
正装すること？
時間通りに終わること？
不要な言葉（「あのー」「えーと」など）を避けること？

あなたのプログラムをパワーアップさせるいくつかの要素を、1つひとつ確認していきましょう。

プレゼンテーションのポイント

ポイント1　とにかく準備をする

　私は高校生の頃、演劇やミュージカルに取り組んでいましたが、2年生になった時、生徒会に立候補しました。でも、英語の授業以外でみんなの前でプレゼンテーションをしたことはありませんでした。

　そのプレゼンテーションを振り返るだけで、何が起こるか予想できなかった自分を思い出して、動悸がします。

　全校生徒の前で、私は演台に近づき、プレゼンを始めました。
　その時、突然、会場の左上のセクションにいる3人の男の子が、私に対するブーイングを始めました。
　私は屈辱に耐えながらプレゼンテーションを続け、最後までやり遂げました。
　しかし、先生は私を助けに来ませんでした。
　私は後悔の気持ちでいっぱいでしたが、その日の残りの時間、学校に留まり、平静を装いました。私はバスで家に帰り、自分の部屋に走って、何時間にもわたって枕に顔をうずめて泣きました。
　翌日、私は自分が生徒会の一員に選ばれていないことを知りました。

　この時の経験が、数十年たった今も、準備に対する重要性を思い出させてくれます。

　不安は、プレゼンテーションの可能性を最大限に発揮することを妨げるものです。
　しかし、**プレゼンテーションをする場面で、不安に直面したとしても、**

準備したように進めるとうまくいくのです。

　準備と同様に、情熱も違いを生みます。

　私が生徒会に立候補したのは、成績証明書にその経歴が欲しかったからです。情熱をもっていたからではありません。

　今の私は自分が情熱を注いでいるアイデアについて、たくさんの練習と準備をして、話し、発表しています。その**「情熱」と「準備」が違いを生んでいる**のです。

　インパクトのあるオンライン研修を実施するには、失敗する恐れを克服し、最高のプレゼンテーションを行う準備をする必要があります。

　たとえ、あなた自身が自分のことを「講師」で、「スピーカー」であるとは思っていなくても、多くのポジション、そしてさまざまなタイミングで、「プレゼンター」であることが期待されています。その機会は、あなたの知識と能力を披露してくれるでしょう。

　そこでのあなたの姿は、電子メールを送るよりも説得力があるものなのです。

ポイント2　全体の流れ

「全体の流れ」を把握することはとても重要です。プレゼンテーションは、「全体の流れ」からつくるようにしましょう。

　目的やゴール、アイデアを箇条書きにしておきます。コンテンツの一部がわからない場合も、それを書き出します。何かヒントが見つかれば、それも書き留めておきましょう。

　そして、実施したオンライン研修は録画（録音）し、視聴します。それによって、ブラッシュアップしましょう。

うまくいったことは維持し、うまくいかなかったところはやり方を変えるのです。

私は、毎週ポッドキャストで発信していますが、時々一度録音してから再録音することがあります。いつも二回目のほうが、一回目よりも短く、より簡潔になります。

全体の流れを確認する時は、「**必ず実施しなければならない部分**」と「**省略できる部分**」をわかりやすくしておきます。

説明できる時間が短くなる可能性もあります。時間が足りなくなったら何をカットできるかを事前に決めておくと、実際の研修の場面で、とても楽になります。

ポイント3　深呼吸する

はじめての研修を実施する時など、手に汗がにじみ、心臓が通常より少し速くなり、声が震えたりすることがあります。

深呼吸は、心拍を遅くします。心拍が遅くなると、声がより明瞭になり、神経質にならずにすみます。

鼻から息を深く吸い込み、口から吐き出す時に6まで数字を数えます。これを6回行います。

深呼吸は、あなたを落ち着かせ、あなたの声をコントロールするのに役立つはずです。

ポイント4　参加者を想像する

オンラインにおいて参加者のカメラがオフでも、以前会ったことがあれば、参加者のことを想像するのは簡単ですね。

ただ、私の場合、研修では、ほとんどの参加者が初対面となります。以前会ったことがない場合は、研修の開始時には、まずカメラをオンにしてもらいます。そうすれば、その後、参加者がカメラをオフにしても、顔を思い出すことで、コンピュータではなく「人」と話していると感じることができるでしょう。

　ポストイットをリマインダーとして使用するように、私はパソコンのモニターに笑顔の人の写真を載せることがあります。
　私の場合は、おもしろくて笑える写真を選んでいます。それは、私を自然な笑顔にしてくれると同時に、参加者が楽しんでいる様子を想像させてくれるからです。

ポイント5　ユーモアを忘れずに

　研修には、ユーモアが必要だと思っています。緊張している時は、ちょっとしたユーモアがアイスブレイクになります。また、ユーモアのある話には引き込まれます。

　途中で話すユーモアのあるひと言を用意しておくと良いでしょう。
　いつ必要になるか正確にはわからないので、緊張感が高い場合などに使用するために、いくつかのフレーズを書き出しておきましょう。

　ただし、いつもみんなを笑わせることが必要だというわけではありません。
　ここで、「ジョーク」ではなく「ユーモア」だと書いている点に注意してください。ジョークや皮肉は、すばらしいプレゼンテーションを瞬く間に台無しにする可能性があります。

ポイント6　タイムマネジメント

「遅くなってすみません」
「研修が延長してしまい申し訳ありません」

　このフレーズは一番参加者の満足度を下げるものです。

　参加者は、曜日を問わず早めに終了することは喜びますが、予定時刻を過ぎても研修が続くことを喜ぶ人はいません。

　開始時間についても同じことが言えます。
　多くの講師は、全員がログインするのを待つのは礼儀正しいことだと考えますが、遅れている人を基準にする必要はありません。
　全員が到着するのを待つのではなく、時間通りに始めましょう。

　開始時刻にそこにいて準備ができている人に感謝の気持ちを伝えることをお勧めします。遅れている人のケアに注力せずに、参加する準備ができている人を称えることを忘れないようにしましょう。

　遅刻者に対してできることのひとつは、時間通りに開始し、研修を録画することです。
　また、回線が不安定であるなど、テクノロジーに問題がある場合、プロデューサーがいると、ログインに苦労している参加者をサポートすることができます。

　また、研修中、内容についてこれない人、時間が必要な人が大勢いることに気づいたら、終わっている人たちには数分間多く休憩時間をとってもらいます。

　全体のスケジュールを予定通りに進める方法としては、まず時間を計り

ながら、リハーサルを行うことが大切です。そして、必要に応じてスケジュールを調整します。

　ただし、講演でない限り、私は話す予定の内容について、すべての単語を記録しておくわけではありません。通常は、主なポイントや重要なメッセージを箇条書きにしておきます。そうすることで、いつも全体像を確認し、調整することができるからです。

　一語一句まですべてシナリオを作成すると、自然に聞こえなくなり、言葉につまる傾向があります。

　もし、プレゼンテーションを書き出す場合は、必ず数回声に出して読んでみてください。数回読んだ後でつまずくことがある場合は、変更すると良いでしょう。

　文章は短く、言いやすいものにしておきましょう。

ポイント7　専門用語

　専門家を対象にプレゼンテーションをする時、専門用語ばかり使った話に陥ることがあります。しかし、専門用語は、理解しにくい方言のようなものなのです。

　参加者が混乱したり、用語を解読するのに時間がかかりすぎたりすると、結果として、研修のコンテンツの理解を妨げることになるので注意が必要です。

　お勧めは、**参加者を理解し、参加者が使う言葉を使う**ことです。

　ただし、用語に対する理解度を判断できない場合は、最初に使用する時に確認して、詳しく説明するようにしましょう。

　たとえば、トレーニングで「ROI」という略語を使用する場合がありますが、最初に使用する時は、「研修の投資収益率であるROIについては……」と、この用語を紹介します。

ポイント8　自分らしくすること

　私がボブパイクグループで最初にトレーニングを始めた時、ボブ・パイク、ベッツィー・アレン、ダグ・マッカラム、リッチ・ミース、デイブ・アーチなど、世界でもっとも優れた講師から学びました。

　私は、多くの研修に参加し、彼らがどのようにコンテンツを進め、どのように参加者を巻き込んでいるかをオブザーブしました。彼らが担当した研修の最後に、参加者がスタンディング・オベーションをしているのをよく見て、彼らがやったことを真似できるように、たくさんのメモをとりました。

　ベッツィーのエネルギー、リッチの落ち着き、デイブの魔法、ダグの知識、そして父であるボブのストーリー、私はすべてを参加者に提供したかったのです。

　講師として認定され、最初の研修を担当する準備ができた時、私はコンテンツを記憶し、見たことを再現するためにあらゆる準備をしました。

　唯一の問題は、そこに私らしさが足りなかったということです。

　私は自分の言葉、自分の声で話していませんでした。

　しかし、特に講演の場面では、他の人のスタイルは再現できないのです。そのことに気づくまでの数年間、私は自分自身のストーリーやエネルギッシュでカリスマ的なスタイルをもっていることに気づかず、すばらしい先輩のパフォーマンスを模倣し続けていたのです。

　多くの努力を要しますが、**自分自身のスタイルを見つけましょう。**

　自分のスタイルを見つけたら、プレゼンテーションを明確でシンプルなものにすることを忘れないでください。TEDトークを見て、他の人がどのようにプレゼンテーションを簡潔にしているかを確認するのもお勧めです。

　また、「かっこよく見えそうだから」と、複雑な表現を使うのもやめましょう。

「私が完全に解明できるように、その内容を説明していただけませんか?」

この例で、「解明」という言葉は、何かを説明したり明確にしたりすることを意味しますが、そこには少し皮肉が混じっています。

「もう一度別の方法で説明してもらえますか?」とだけ言ってみませんか?

私の娘が古典の授業に出席していた頃、心配そうな表情を浮かべていることがありました。どうしたのかと聞いてみると、「同学年の他の生徒が毎週のプレゼンテーションで難しい言葉を使っていたけれど、自分はそんな言葉を使っていなかったので頭が良くないと感じた」と、彼女は話しました。
私は、彼女に、**「自分の言葉で、説得力があり、誰もが理解できるようなプレゼンテーションができるようになるには、本当の賢明さが必要だ」**と伝えました。
その後、彼女は、ラテン語とギリシャ語を何年もかけて学び、今では自分の言葉で話せるようになり、難しい言葉を使わずに、伝えられるようになっています。

私は、アメリカの大統領について聞いたり読んだりするのが大好きです。
私のお気に入りは、ロナルド・レーガンとエイブラハム・リンカーン。彼らは本当にすばらしい演説者でした。

ポイント9　バーバルとノンバーバル

プレゼンテーションを行う時、**くり返しの言葉や「えーっと」や「あー」といった言葉は避けましょう。**これらのほとんどは、スピーチのペースを遅くするだけで避けられます。
鏡の前で練習する場合には、速度を落とし、効果を出すために間をとる

練習をしましょう。

　プレゼンテーションの中に、あなたのパフォーマンスのバリエーションを加えることもできます。
　ウィンストン・チャーチルのような歴史的な演説者と彼の声の背後にある強さを考えてみてください。または、マーティン・ルーサー・キング・ジュニアと彼の言葉のリズム、今、お気に入りのエンターテイナーの声を通して放たれるエネルギーと個性。

　パフォーマーとして、バリエーションやジェスチャーを加える際は、その振る舞いが目的に沿って伝わるものかどうかを確認します。
　研修を録画して、もう一度視聴すると良いでしょう。
　何が役に立ち、何が気を散らすかを観察するのです。
　たとえば、私の場合、かつて、会議で「理論上」というフレーズを30回使用した上司がいました。これでは気が散り、迷惑ですよね。「理論上」というフレーズが気になって、会議の内容に集中できませんでした。

　私は、おそらく表情がとても豊かです。顔をくしゃくしゃにしたり、目を大きく見開いたり、大げさな表情をするのが得意です。
　私は自分自身の録画をチェックすることで、このことに気づきました。今はまだ、この特徴についてクレームを受けたことはありません。
　あなたも自分自身の特徴を探ってみましょう。

ポイント10　論理的に話す

　私は、おそらく人の話を「評価的」に聞いています。つまり、使用されている単語、内容について、論理的に把握し、聞く価値があるかどうかを判断しているのです。通常、それはプレゼンテーションが始まってから、最初の数分以内に起こることです。

私とは違うタイプの聞き手もいます。
　たとえば、次のようなものです。

・**共感的な聞き手**：あなたの物語がビビットに伝わる
・**鑑賞的な聞き手**：プレゼンテーションのユーモアがある側面に反応する
・**包括的な聞き手**：メモをとり、注意を払っている

　聞き手の種類が異なるからといって、それぞれに対するメッセージを作成する必要はありません。
　ただし、次のような工夫をすることで、あなたのプレゼンテーションの土台を強くしてくれます。

・**コンテンツが論理的な順序で流れるようにする**
・**あなたの経験を共有する**
・**ユーモアを加える**

　以前、アンケートにこう書いた参加者がいました。

「ベッキーのユーモアのセンスは気に入りました。でも、コンテンツが論理的な順序になっていませんでした。"子どもっぽい"例やゲームが多すぎたと思います」

　このコメントには大きなショックを受けました。
　論理的、実用的に構成し、ユーモアと共存させましょう。ユーモアと論理的な話は共存できるのです。

ポイント11　質疑応答

　質疑応答として設定した時間に、質問を数多く集めるにはどうすれば良いのでしょうか。

次の５点は、そのヒントになるかもしれません。

・研修の３分の２が終わったタイミングで質疑応答を行う

　研修の最後のタイミングだと、参加者は早く終わりたいと思ってしまいます。

・質問に回答をする時にはウェブカメラをオンにする

・答える前に考えるようにする

　その質問は何百万回も聞いたことがあるとはいえ、少し考えてみるとその人にとってははじめてなのです。いったん立ち止まることで、誠実に答えを伝えることができます。

・質問をグループに戻す

　あなたに豊富な経験や知識があったとしても、オンラインの特徴を利用することをお勧めします。

　まず、質問をしてくれた人に感謝し、その質問についてグループワークで話し合い、出てきた意見をホワイトボードに書き留めるように依頼します。そして、ホワイトボードの内容をシェアしてもらった後、講師が自分のアイデアをいくつかを追加します。

　これによって、参加者の考えにあなたの意見が追加されたという価値をもたらすことができるでしょう（これは最初からあなたが回答するよりも学習効果が高い方法です）。

・あなたの経験や成果をひけらかさない

　質問に直接答えるだけにしましょう。

　誰かに自分の能力の高さや知識の豊富さを納得させる必要があると感じて、そこに力を割いたとしても、「この人、大丈夫なのかな」と疑心暗鬼にさせるだけです。

ポイント12　柔軟性

　どんなに雄弁であっても、目的が達成されなければ、プレゼンテーションは失敗に終わります。スライドとコンテンツの準備に数十時間を費やしたとしても、参加者からの質問を無視してスライドをクリックし続けてしまっては、研修は台無しです。

　柔軟に対応し、コースから外れたとしても質問に回答し、そして元の流れに戻ることができるようにします。

　ただし、プランを間違えた時は、コースを変更する必要があります。

　その場合、プレゼンテーションの目的に対して、どのように続行するのが最善かを自問するための時間を、まずはとります。

「コンテンツを多く盛り込みすぎて、目的到達のために必要なスライドをスキップしなければならないという場面」を、私はしばしば経験しています。柔軟に対応することを、不快に感じる必要はありません。

　目的を最優先にしましょう。

　時間が足りないことに気づき始めたら、何を言う必要があるかを確認して、残りをスキップします。コンテンツを省略し、準備していた解説を数文に要約する準備が必要になることもあるでしょう。これができない場合は、説得力がなくなってしまうので注意が必要です。

ポイント13　参加者を巻き込む

　オンラインでプレゼンテーションを視聴している時、ウェブサイトをつい見たくなったり、実際に見てしまったりすることがあります。

　参加者の注意を引くために、そして、参加者の集中力を維持するために、参加者を巻き込むことは、研修が開始した瞬間から必要となります。

「せっかく参加してくれた人が、退屈して退出してしまう」などというのは避けなければいけません。

参加者が退屈していないか、内職していないかを確認するために、参加者にカメラをオンにしてもらうよう依頼することが多いようです。

　しかし、参加者は本当に研修に集中していますか？

　誰かがインターネットを閲覧しているように見える場合でも、やる気がないと決めつけるのはやめましょう。彼らは、研修のトピックについて検索しているのかもしれませんし、あなたが発したメッセージに関連する何かを探しているかもしれません。

注意を引き、意見を求めるアクティビティを計画しましょう。

　私は、かつてひどい参加者と出会ったことがあります。

　ある研修で、何人かが途中で退出しましたが、そのことはそれほど気になりませんでした。それ以上に大きな脅威だったのは、私への批判のチャットでした。

　自分1人で対処せざるを得ないケースもあります。しかし、この時は、初日を終えた後、私は何が起こったのかを上司と共有しました。そして、上司と私は一緒に目標や進め方を変更し、翌日の研修において、上司は助け舟を出してくれたのです。

　2日目の研修開始時、上司は、次のことについて共有してくれました。

・この研修と仕事との関係性
・この研修で学んだことを仕事にどのように適用しているかを聞くために、1人ひとりとミーティングを設定すること
・ミーティングで「どのように活かしているか」についての共有（報告）を楽しみにしていること

　自分で研修を軌道に乗せられなかったことに、私のプライドは傷つきました。しかし、謙虚に助けを求めることで、2日目以降の研修を成功させることができたのです。

参加者を引きつける簡単な方法のひとつは、カメラを付けたり、消したりしながら使用することです。

　会議や講演のスピーカーでなく、研修の場合はずっとカメラをオンにする必要はありません。

　人間の脳は、一度に１つのことにしか焦点を合わせることができないことを忘れないでください。カメラをオンにして、参加者にスライドを見るように求めている場合、脳は何に焦点を合わせるかを選択する必要があります。

　スライドの内容よりも、カメラに映る姿を見てしまう人がいるでしょう。もしくは話を聞かずにスライドを自分で読む、あるいは、画面を見ずに自分の手元で資料を読んでいるかもしれません。何も見ずに、話だけに集中している人もいるでしょう。

　つまり、**スライドを見ながら話を聞き、かつカメラに映る講師の姿を見るというマルチタスクはできない**のです。

　また、カメラをオフにしてからオンにすると、参加者は新しいものに意識が向きますので、カメラに映る講師の話に集中してもらいやすくなります。

ポイント14　参加者の状態を把握する

　プロデューサーのタスクのひとつは、参加者の出席状況と進行状況を確認することです。ブレイクアウトルーム（分科会、グループワーク）がスタートすると、プロデューサーはそこに参加し、参加者の状態を確認することがあっても良いでしょう。

　すべての参加者がプレゼンテーションを聞き、決定をくだすことが必要な場合は、全体を確認できるようにカメラをオンにしてもらう必要があります。

　カメラをオンにすると、誰が部屋を離れているのか、集中力がなくなっているのかなどを確認することができます。キーパーソンがいるのか、い

ないのかもチェックできます。

　誰かがいなくなったり、集中力が著しくダウンするような状態が発生したりした場合は、研修を再スケジュールする必要があるかどうかを恐れずにたずねてください。
　内容によっては、キーパーソンが不在の場合、研修を継続できるかどうかを確認しましょう。

　対面集合型の研修では、状態を把握するために非言語的な手がかりを見ています。しかし、オンラインではその情報が不十分となります。よって、チャットを使用したり、簡単な投票の利用を行ったりすることで参加者の状態を確認するのがお勧めです。

　特に挑戦的な参加者がいる場合は、プロデューサーがクッション役となって「ベッキー、この会話は正しい方向に進んでいますか？」などと声をかけるのも良いでしょう。

ポイント15　何も食べない

　ガムの切れ端など、口の中に何かがあると、ごちゃごちゃしたプレゼンテーションになります。
　オンラインで教える場合、カメラがオフの時は大したことではないように思われるかもしれません。彼らはあなたを見ることができないからです。
　ただし、口の中に何かあると、あなたの話が理解しづらくなり、他の問題を引き起こす可能性もあります。

　ある日、オンライン研修が連続していて、私は食事をする時間がありませんでした。そこで、参加者が課題に取り組んでいる間、引き出しの中のピーカンナッツを食べることにしたのです。しかし、それは塩分が強く、口の中が乾燥してしまい、水を飲むために、次のセッションではずっとミ

ュートにしなければなりませんでした。空腹でお腹が鳴るほうが、ずっと
ましでした。

　ウェブカメラがオフの場合は、簡単に何かを一口飲むことができます。
冷たい飲み物で体調が悪くなることもあるため、常温の水をお勧めします。

ポイント16　テクニカルな問題を減らす

　テクノロジーは、オンライン研修のもっとも重要な要素のひとつです。
　プラットフォームを使用したことのない参加者（その日がはじめてという参
加者のこと）のために、**研修中の発言方法などについて、明確な指示を行
うことから始める**のが重要です。
　プラットフォームのスクリーンショットをスライドに配置し、どのツー
ルを使用するかを練習しながら、参加者に説明するのです。

　また、事前に研修の案内を送信する時は、プログラムにログインできる
ようにするためのリンクも含め、**ログインに必要な技術的要件の内容**をし
っかり掲載します。

　プラットフォームのテスト時に、ファイアウォールの問題が発生した
り、接続できず、追加のサポートが必要になることがあります。事前にテ
スト接続を行ってもらうと、当日がスムーズです。

　ワークショップ前の電子メールの一部には、技術的な問題が発生した場
合の連絡先を含め、あわせてプロデューサーの名前と電子メールアドレス
も記載するようにしています。
　また、研修の前に参加者に資料を送信すると、当日、資料をダウンロー
ドしようとすることで起こる技術的な問題を回避できます。また、配付資
料は、参加者が記入可能なものになるようデザインしましょう。

ポイント17　ノイズを減らす

　まず、カチャカチャと音がする可能性のあるアクセサリー（イヤリングやネックレス）はやめましょう。このノイズは簡単に減らせますね。

　そして、**パソコンの設定に注意**します。新しい電子メールが届いた時のコンピュータの音や、テキストメッセージがあることを通知するアラートは鳴らないように設定します。

　そのほか、キーボードの爪の割れ、紙のこすれる音、咳、「ごくん」と飲み物を飲み込む音も、すべて管理しましょう。

　コントロールが難しいノイズは、**周囲の音**です。

　最近、オンライン研修を実施したタイミングで、道路の工事が始まったことがありました。口の近くにマイクがついたノイズキャンセリングヘッドセットを装着することで、何とか参加者には聞こえずに済み、集中してもらうことができましたが、ブルドーザーの音はとても騒々しいものでした。

　また、私はいつも4人の子どもとのコミュニケーションを大切にしていますが、自宅でオンライン研修を実施することも多いため、研修中は、ドアの赤い紙に「ケガをして出血していない限り入っちゃダメ」と書いておきます。黄色い紙を貼ることもあります。その場合は、「本当に必要な場合にのみ入室できるけれど、最初にお父さんを見つけるように」と書いておきます。また、グリーンの紙が貼ってある時は「入ってもいい！」と家族に伝え、協力してもらいます。

　ただし、研修中、同僚や子どもを迎え入れることが、その瞬間のエンゲージメントになる場合があります。

　私の末っ子のルーカスには紙が見えないようで、私の部屋の中を何度も歩いています。私は、彼に合図を伝えて出ていくように促しましたが、彼は私の合図に気づかないのです。そのため、オンライン研修中に彼が私のところに来ると、私は彼にカメラを通して参加者に挨拶してもらい、彼の

質問に答えてから、彼から別れを告げさせます。

　これが私の実生活であり、この場面を共有することによって、参加者は私とのつながりを感じてくれているように思っています。

　ただ、オンライン研修に誰が参加しているかを考慮することは大切です。中には、ルーカスの振る舞いが受け入れられない場合もあるでしょう。

　その場合は、チャットでメッセージを送信し、カメラをオフにし、マイクをミュートしてから、子どもの質問にすばやく答えます。私は、これが子どもを無視しようとするよりもはるかにうまくいくことを発見しました（でも時々、彼は戻ってきます）。

　また、参加者によるノイズも管理します。

　オンライン研修の冒頭で、プラットフォームでマイクのオンとオフを切り替える方法を参加者に伝えます。また、**誰かが話したい時には挙手ボタンを使用するようにして、一度に複数の声を共有しないようにします。**

　オンライン研修にはVoIP（39ページ参照）を使用しているため、複数の人がマイクを使用している場合、一度に複数の人が話すと、ひどいノイズが発生する可能性があります。そのため、このことを早い段階で伝えることが重要なのです。

　一部のプラットフォームでは、ホスト（講師またはプロデューサー）に一部またはすべての参加者をミュートに設定する機能があるので、それも活用しましょう。

ポイント18　気晴らしに行うことをやめる

　参加者が行っている気晴らしはコントロールすることができないかもしれませんが、自分がやっている気晴らしには気づくことができます。

　椅子を回転させる——これが私の気晴らしだったようです。

　このクセを減らすために、私は背中の後ろに枕を置き、まっすぐ座るようにしました。すると、回転を減らすことができたのです。

また、無意識のうちに足をバウンドさせて体を少し動かしていたようですが、これも、足の裏を床につけておくようにすることで、減らすことができました。

　ほかの講師がペン、マーカー、紙、おもちゃをいじくり回しているのに気づいたことがあります。こうしたものは、挙げればキリがありませんね。

　こうした仕草は、見た目が悪く、オンラインではカメラがあなたに焦点を合わせていることで、より誇張して見えます。

　誘惑がないように、机から気晴らしのすべてを取り除くようにしてください。

　私の机には、進行表、ワークブック、コップ1杯の水、ライトのクリッカー、およびカメラで見せる必要のあるその他の資料だけを置いています。

　机上の配置はいつも同じ状態にしているので、必要なものを探さなくても良い状態になっています。

　ボブは、**「参加者に準備ができていないように見えることは準備ができていないことと同じくらい悪いことだ」**と私に教えてくれました。

　机をいつもきれいに保つことは、とても大切なのです。

4-2

デリバリー

　プレゼンテーションの基本に続いて、デリバリーの基本について見ていきます。講師としての経験が長い方にとっては、基本的すぎると感じるかもしれませんが、オンラインに移行するにあたって、あらためて基本を見直すことには価値があるでしょう。

　1つひとつ確認し、改善できることから取り入れていきましょう。

```
本項の
Key word
```

「デリバリースキル」
「表情」
「声」
「アイコンタクト」

オンラインで必要なデリバリースキル

オンライン配信のために必要なスキル

　私は学生時代にミュージカルに取り組んでいました。振り返ると、演劇の初心者を対象としたトレーニングは、オンライン研修を担当する際にとても役に立つものだと感じます。劇場で演じることと、パソコンからオンラインで配信することには、多くの共通点があるのです。

　新しいプラットフォームで持ち味を最大限発揮できるように、これらの共通点からヒントをつかみましょう。

パフォーマンスのポイント

　私は演劇やミュージカルに参加するのが大好きでした。

　セリフのない端役ではなく、話す部分がある役を演じる場合は、リハーサルを何度も行い、セリフだけでなく、抑揚とイントネーション、そしてステージのどこにいるのかを覚えていました。

　今の私の仕事でも同様ですが、いつも理想通りにリハーサルできるとは限りません。準備してから発表するための時間がほとんどない場合があります。たった1時間の時もあるのです。もちろん、数週間とれることもありますが、そうした場合であっても、他の仕事があり、ほとんど満足な準備時間をとれないことが多いものです。

　また、オンラインでのセミナーでは、参加者と自分の間に距離が存在します。つまり、オンラインというのは、参加者と自分の間に障害が発生することもあるのです。

　オンラインで発したメッセージがどのように伝わるのか、確認が必要です。

特に、次のポイントが重要になります。それぞれに注目し、確認してい
きましょう。

◎**オンラインにおけるデリバリーのポイント**

　●**表情**
　　・参加者が常に見ていることを意識する
　　・研修前に顔の筋肉を動かすウォーミングアップを行う
　●**目（アイコンタクト）**
　　・画面に映る参加者ではなく、カメラを見て話す
　●**声**
　　・プレゼンテーションの時は笑顔で（表情が声をつくる）
　　・時折、別の人の声が聞こえるようにする（例：参加者のアイデア
　　　の共有）
　●**ジェスチャー**
　　・手のジェスチャーを活用する
　　・カメラの映り方にも配慮する
　●**カメラ映り**
　　・カメラは目線の高さ、もしくはそれよりも上にして、カメラを見
　　　下ろさない
　●**ポーズ（一時停止、間のとり方）**
　　・一時停止、間を取り入れる

表情

講師の表情が参加者に与える影響

オンライン研修では、カメラがすぐそばにあるため、顔をアップにして映し出す必要はありません。

しかし、あなたの表情を参加者は見ています。

熱意は伝染しますが、退屈も伝染するのです。

あなたの顔が、「退屈している」と言ったら、参加者も退屈になります。そういう場面では、**眉を上げて笑顔でコミュニケーションをとりましょう。**

トピックが本質的な場合、落ち着いた表情は効果的です。

プレゼンテーションを始める前に、笑ったり、顔をすぼめたりする顔の筋肉を動かす一般的なウォーミングアップを行いましょう。

歌手が発声練習をするように、オンライン研修ではもっともインパクトがある表情のために、顔の筋肉を温めておくようにします。

目／アイコンタクト

画面に映る参加者ではなく、カメラを見て話す

　スピーチの先生が、「緊張している場合は相手の後ろの壁を見て」（または「相手の額を見て」）と言っていた時代は終わりました。こうしたアドバイスを聞いたことがある人が多いかもしれませんが、有効なアドバイスではないのです。

　オンラインでは、画面に映る参加者ではなく、カメラを見て話しましょう。
　シナリオやメモなど、下を向いて見ないようにします。

　練習のために、まず、家族や友人とビデオ通話をしてみましょう。そしてアドバイスをもらうようにしましょう。

「ウェブカメラの少し下でメモを読んでいる時と、カメラを直接見ている時、私の様子に違いはある？」
「その違いは大きいと思う？　それとも小さい？」
「通話中、どう思った？」

　このように確認し、修正していくようにしましょう。

声

声によって参加者を引きつける

　単調なプレゼンテーションは、過度にパワフルなものよりも信頼できると考える人もいるかもしれません。しかし、**オンライン研修では熱意が伝わりづらいため、パワフルなパフォーマンスを心がける**ことは重要なポイントです。

　オンラインでプレゼンテーションを行う場合には、コンピュータがパーティションのように参加者とあなたの間に存在しています。参加者は一緒に笑っているかもしれませんが、そのことを確認するのを妨げる空間・時間が存在するのです。

　対面集合型の研修の経験は豊富ですか？
　その経験を振り返った時に、受講者の反応からエネルギーを受け取っていますか？

　もしそうであれば、あなたはオンラインでの研修を実施すると、とても疲れるかもしれません。オンライン研修では、あなたがすべての笑い、エネルギー、そしてコンテンツを提供する必要があるからです。

　あなたの表情は、あなたの声を変えます。そのため、プレゼンテーションをする時には、常に笑顔でいることを忘れないでください。

　声を変えるもうひとつの方法は、**そのトピックについて、別のプレゼンターに話してもらうか、参加者にアイデアを共有してもらう**ことです。
　このように聞こえてくる声が変わることで、参加者は、再び研修に引き

つけられるというすばらしい変化が生まれるのです。

プロデューサーの協力を得る

　プロデューサーがいる場合、彼らは通常、早めにログインして待機し、参加者全員がログインするのを確認します。

　プロデューサーが、いくつかのソフトオープニングスライドをシェアしている間に、私は時々、陽気な方法で飛び込んで、その場の雰囲気を温めるようにしています。そうすると声が変わるので参加者の集中を集めることができます。

　参加者がプロデューサーの声に慣れることには別の効果もあります。講師のコンピュータが故障し、プロデューサーが講師をカバーするためにバトンタッチせざるを得ない場合でも、違和感なく受け入れてもらえるでしょう。

ジェスチャー

手のジェスチャーを活用する

オンラインでは、着席での実施のため、ボディランゲージやジェスチャーが少なくなりがちです。ですが、**手のジェスチャーは有効**です。

オンラインでプレゼンテーションを行う時は、手のジェスチャーを使用して学習プロセスを支援する方法を考える必要があるでしょう。

ボブ・パイク・グループのクラスには、コンテンツを表すジェスチャーがあります。そうした概念を教える時、私たちはカメラをオンにして、それに伴う手の動きを教えます。

たとえば、オープニングとクロージングの重要性を教える時、参加者が覚えやすいように、次のような手の動きをしています。ウェブカメラをオンにして、オープニングの鍵でB（最大の関心事を打ち破る）、A（ネットワーキングを促す）、R（関連性のあるものにする）で始まるキーワードを、それぞれジェスチャーをからめて紹介しているのです。

ここでのジェスチャーとして、次のような例が考えられます。

◎「最大の関心事を打ち破る」を記憶に刻みつけてもらうためのジェスチャー例

手を握りしめ、握りこぶしをつくり、画面に向かってパンチするような動き（B）

これは、参加者が研修に参加する際に日常から続いている関心事、ついさっき受けた電話の内容や今日の料理の献立などが実はオープニングのタ

イミングでは頭の中に残っていて、なかなか集中できないという状態を打ち破るというコンセプトを表しています。関心事が頭から離れることで、参加者は学習に取り組む準備が整います。

ジェスチャーをする際の注意点

　手を使ってジェスチャーをするときは、カメラから十分に距離をとり、手が胸から離れるようにしてください。そうしないと、あなたの手はティラノザウルスのように見えてしまいます。

　私は自然に両手を使って話します。ジェスチャーがくり返されることに気づいた場合、片手だけを使用するようにします
　また、姿勢にも考慮すべきです。オンライン研修では、机やテーブルに座っていることが多いためです。カメラがオンになっている時は、肩を後ろに向けてまっすぐ座るのが良いでしょう。
　姿勢が良くないのであれば、その悪い習慣を克服する必要があります。「美しい姿勢で！」などのメッセージをモニターに表示するのも良いでしょう（付せんに書いてモニターに貼っておくのも良いでしょう）。

カメラ映り

カメラ映りへのアドバイス

　ウェブカメラは、顔の高さかそれより少し高い位置にくるように配置しましょう。下にあるカメラを見下ろすと顔が大きく見えます。そして、誰かの鼻の穴を見続けるのはすべての人にとって不快なことです。

　また、次のようなポイントに注意します。

・肌の色が薄い場合は、顔の周りに白い色（白いシャツなど）を少なくする

　このような場合、顔が浮いてしまいます。一方、あなたの肌がより暗い色調であるならば、顔の周りには明るい色のものを利用しましょう。あなたの年齢から5年をマイナスするようなすばらしい効果があります。

・誰もがあなたを見ていると仮定する

・常にまっすぐに座る

・同意できない場合でも、表情に出さないように注意する

・参加者の話を聞きながら、自分の表現について考える

・退屈な表情に注意する

・体調が良くない時は、ミュートを

　誰かが鼻をかんだり咳をしたりする音は、講師と参加者の両方にとって好ましくないものです。カメラと音声をオフにします。

　また、そのような場合でも、参加者にあなたの体調について謝罪するのはやめておきましょう。病気であることについて話すことは、否定的な印象を与えることになるためです。

・カメラを見て話す

　ほかの人に、あなた、そしてあなたの目を見てもらいます。あなたの視線が親切で、直接的で、安定していて、笑顔で、正直であるならば、あなたはより信頼できる人だと思ってもらえるでしょう。

・髪を目や顔に近づけない

　ライブでもビデオでも、髪の毛をひんぱんにさわる動作は気が散ります。ヘアスプレーを使って固めておくのもお勧めです。

・身だしなみに気をつける

　次の点に注意します。

- ●爪は清潔に切っておく（カメラでは、すべての手のジェスチャーが表示されます）
- ●糸くずやフケがないかを確認する
- ●直前にひげを剃る
- ●鼻、耳、首の周りの髪の毛をチェックし、整える
- ●服にしわがないことを確認する

4-3

よくあるミス

　本章の最後に、「よくあるミス」について検証していきます。

　何が問題だったのでしょうか？　そして参加者の満足度が低かったのはなぜでしょうか？

　オンライン研修の大切なルールが守れていないのかもしれません。失敗を避けるためにまずルールが何であるのか、そして、予期せぬ事態として何が起こり得るのかを知っておく必要があります。

　失敗の原因をつくる人物は4人存在します。そしてあなた自身に、失敗を防ぐ責任があります。具体的なシーンを挙げ、それぞれのケースについて検討していきましょう。

**本項の
Key word**

「講師のミス」
「プロデューサーのミス」
「上司のミス」
「参加者のミス」

講師のミス

　講師は、コンテンツの共有方法、タイミング、学習のペース、参加者の相互作用、学習コミュニティの構築など、研修全体をマネジメントする存在です。

　以下では、研修の計画段階でコントロール可能な、そして防止できる失敗の一部を紹介します。

　このリストには、講師の多くの役割と責任についても説明されています。

　以下、1つひとつ検討していきましょう。

時間通りに開始しない／時間通りに終了しない

　早めにログインし、時間通りに開始することで、準備ができている人に感謝を伝えましょう。定期的に開始が遅れると、参加者は時間厳守に意味がないことを学ぶことになるため、注意が必要です。

　なお、最初の数分を使用して、その日のツールの使用方法を簡単に確認すると、遅刻者はその部分を見逃すことになります。その場合、参加する方法がわからないため、イライラします。こうした場合は、プロデューサーに遅刻者へのフォローをしてもらいましょう。

　研修を成功させるための土台は研修開始後の最初の数分間で築かれることを事前に参加者に知らせます。

　その一方で、遅刻者を想定し、プラットフォームツールの使用法については動画を制作しておきましょう。そして、その動画をアップロードしておき、遅刻者には再生リンクを送信するようにします。

ソフトオープニングがない

研修のスタート前に参加者の関心を引くためのスライド、アクティビティは、ランニング前の準備運動と同じく、脳のウォームアップに役立ちます。

ソフトオープニングとして、パズル、単語の写真、視覚的な画像、単語の検索などを準備します。

ウェルカムメッセージのスライドよりも先に、学習コミュニティの構築を開始します。ソフトオープニングを使用して、最大の関心事を打ち破り、参加者にコンテンツについて考えてもらいましょう。

配付資料がない

配付資料がただの白紙であったとしても、コンテンツとの対話が可能になるものです。配付資料はスタート地点であり、参加者に何も提供しないよりは、たとえただの白い紙1枚であってもはるかに優れています。

ほとんどの人は、研修で何が学べるのか、そして重要な要素は何かを知りたいと思っているのです。

配付資料のない講演を聞き続けるのは、とても大変です。

多くの場合、聞き逃したような気分になったり、何を学ぶべきなのかわからなくなったり、ポイントが何なのか迷ったり……ただ楽しい雰囲気だけが印象に残ってしまったり……。

インプットすることへのモチベーションを引き出すためのツールとして、配付資料は有効なものです。配付資料によって学習すべきことが明確になります。

そして、配付資料には少なくとも次ページの3つの原則を取り入れることをお勧めします。

POINT!

◎配付資料の３つの原則

- ●視覚的であること（デザインや画像の利用など工夫しましょう）
- ●書き込むスペースがあること（記録することで、情報を思い出しやすくなります）
- ●セクションはチャンク（小さなかたまり）化されていること（インプットが容易になります）

バックアップ計画がない

参加者から「ログインしようとしたもののリンクが機能しません」という連絡が入ったらどうしますか？

最悪の事態に備えて計画を立て、最善を期待しましょう。

考えられる問題	解決策の一例
技術の欠如	事前作業、資料の送付
音声が聞こえない	バックアップの電話回線の用意
一部の参加者のVoIPタイムラグ	電話回線を用意する
主体性の欠如	少人数のグループを使用しアクティビティを行う、投票機能を使用してペースを評価する、チームリーダーを任命する
技術的な問題	プロデューサー、またはテクニカルサポート担当者を設定し、プロデューサーが担当者とトラブルシューティングを行って、集中力を維持できるようにする
資料が届かない	参加者に郵送および電子メールで送信する前にPDFを作成する
紛らわしく抽象的なトピック	事前に計画し、参加者がトピックに精通するための事前作業を行う
時間差	早く終わった参加者に追加の課題を与える、待っているという感覚なく過ごしてもらうように伝える

資料がわからない	理解を確実にするために質問をする、資料を振り返る時間をとる
ネットワークがダウンする	まずは15分の休憩をとる。その後、状況を判断し、連絡をする。それでも難しい場合は再設定する
回線がダウンする	テクニカルサポーターが対応できるように、全員にチャットを送り、15分の休憩をとる
配付資料がダウンロードできない	PDF版をメールで送信する
遅刻して来た人	プロデューサーが支援する

上の表には、考えられる問題と解決策の例をご紹介します。

エンゲージメントが不十分

5分ごとの参画を計画します。投票を計画していて、完了するのに2分かかる場合は、その投票の終了時間から5分後に別のアクティビティを行います。スケジュールは次のようになります。

合計時間	相互作用のタイミング（5分ごと）	トピック/コンテンツ	相互作用のタイプ	材料/PPT
7：55-8：00	7：55-8：00	ソフトオープニング	単語検索	ハイパーリンク
8：00-8：05	8：03	オープニング	地図に印	
8：05-8：10	8：07，8：10	議題/目的	空白を埋める	議題スライド
8：10-8：25	8：14-8：18，8：22	コンテンツ	ホワイトボード、ブレーンストーミング	

8:25- 8:35	8:26-8:31, 8:35	コンテンツ	記事を読む/ ハイライト ワークブック	
8:35- 8:45	8:39、8:43	コンテンツ	投票	A-E複数選択
8:45- 8:50	8:47	コンテンツ	チャット	簡単な質問/ 応答
8:50- 8:52	8:50	評価	投票	事前に作成さ れた質問

コンテンツが多すぎる

　オンライン研修は「**重要項目**」のみを対象としています。参加者が今後30日間に情報を複数回使用しない場合、必要になった時にその情報を覚えていられる可能性はほとんどありません。

　代わりに、参加者に、「**補足情報**」を検索する方法を伝え、情報が必要になった時に、それを参照できるようにします。

　本当に知る必要のある情報については、その内容に関する専門家に確認してください。

　対面型の集合型研修と比較すると、インタラクティブにオンラインで研修するのには1.3倍の時間がかかります。

　内容の検討、絞り込みが必要です。

ペースが悪い

　多くのファシリテーターや講師は、流れ、タイミング、その他多くの事柄に注目し続けています。そのため、参加者が詳細なレベルで満足し、次に進む準備ができているかどうかを確認しないまま進めがちです。

　最初に、ペースツールの使用方法を参加者に教え、**速度を上げたり下げたりするように依頼して欲しいことを伝えます。**

また、時々一時停止して、参加者のペースを確認します。

これによって、講師はヒントを得ることができるでしょう。

また、参加者にはフィードバックを伝えることを快適に感じてもらえるように働きかけます。グループの大多数がスピードを落としたい場合は、そうします。

一方、定期的に1人だけがより速いペースを求めている場合は、チームの書記やタイムキーパーになるなどの追加のタスクを与えることを検討しましょう。これによって、他の人がメモをとったり問題を解いたりしている間、彼らに関与してもらうことができます。

一度に話す人が多すぎる

VoIPを使用する場合、複数のユーザーがマイクをオンにすると、ノイズが発生したり、誰の声も聞こえなかったりといった事象が発生する可能性があります。

これでは、とても気が散ります。

参加者と、プラットフォームの「挙手」機能を使う練習をし、ノイズを減らします。参加者に、話している時はマイクをオンにし、話が終わったらマイクをオフするよう依頼します。

プロデューサーは、誤ってオンのままにしたマイクをオフにすることもできるので、プラットフォームの仕様を確認しておきましょう。

画面上のテキストが多すぎる

パワーポイントのスライドに長い文章を載せる必要はありません。

スライドは、講師ではありません。講師を支援するツールです。

このルールは、講師が事前に作成するスライドに適用されます。テキストの代わりに、画像や写真を使用して、アイデアや概念を表現しましょう。

第3章には、パワーポイントのスライドを使って参加者のエンゲージメ

ントを高めるアクティビティをたくさん紹介していますので、参考にして
ください。

ツールを使う量が多すぎる

**講師がツールの使用方法を知っているからといって、すべてのツールを
使用する必要があるとは限りません。**
ボブパイクグループの講座に参加した参加者のエピソードです。
その参加者は、講座後、興奮して職場に戻り、すべてをテストすること
に決め、30分の研修で30以上のアイデアを実装しました。元々の企業文
化は、講義に慣れていたので、その双方向な運営には、カルチャーショッ
クがあったと言います（そして盛り上がったそうです）。
これはうまくいった例ですが、**最初は１つまたは２つのアイデアを盛り
込み進行するほうが良かった**でしょう。
参加者がこれらのテクニックに慣れてきた後で、さらにいくつかを追加
したり、別のことを試したりするのです。このようなゆるやかな変化が、
プラスの作用を生み出すのです。

オンラインも同じです。
講師がプラットフォームを知っているからといって、参加者も知ってい
るとは限りません。ツールを使いすぎると、「ジャグリング」状態になっ
てしまうかもしれません。１つまたは２つのボールをジャグリングするこ
とは難しくはありませんが、ボールが追加されるにつれて、スキルを習得
していない人たちにとってはより困難になり、ほぼ不可能になることさえ
あります。
学習するコンテンツ自体よりも、参加者がツールの使い方を理解するた
めに多くの時間が費やされることになっては、当初の目的を達成するのが
難しくなることでしょう。

練習していない

　オンライン研修の機能を練習していないと、オンラインでの「講義」になってしまいます。

　これを回避するために、各アクティビティで使用するツールを計画します。そして、手順を考え、各ツールについて明確な指示を与える練習をするのです。

　一度に何人の参加者がチャットまたはホワイトボードに記入するのか、そして彼らがお互いに重ねて書く場合はどうなるかを考えてください。

　時間をかけてツールに自信をもてるようになりましょう。研修の柔軟性が高まり、よりシームレスになります。

講義、講義、講義（講義の連続）

「講義による死」（シャロン・ボウマンによる良書のタイトルでもある）は、モチベーションを台無しにするひとつの方法です。

　代わりに、この本からインタラクティブなアクティビティを取り入れてください。

　ひとつのアクティビティを取り入れ、状況がどうなるかを検証します。

　講師がアクティビティに熱心でなければ、参加者も熱意がもてないので、もっと簡単で自分のスタイルにあったアクティビティから始めてください。

「講師は講義しなければならない」と考えている人もいるかもしれません。実は私もその反面教師の1人です。

　でも、いつでも、リカバリーの道を歩み始めることができます。

　認めることが最初のステップです。

　そして、リカバリーを始めるアイデアとして、次のようなものが考えられます。

> **POINT!**
>
> ◎「講義中心の研修」から「双方向な研修」に変えるアイデア
>
> ● 講義を5分間の小さな講義に分割する
> ● 専門知識のある参加者にゲストプレゼンターとして話してもらう
> ● 短いビデオクリップを使用する
> ● 参加者がワークブックにアクションプランを書き留めることで情報を消化できるようにする
> ● 講義全体を通して質問をし、参加者にチャットに書き込んでもらい出てきた例やアイデアを使用する

無秩序に見える（または無秩序になっている）

　講師が無知または無秩序であると参加者が感じてしまうと、信頼が失われ、取り戻すのが困難になります。

　たとえば、次のような行動が大切です。

> ◎無秩序に見えない行動をとる
>
> ● ウェブカメラで道具の使用法を示す場合は、すぐに利用できるように机の上に用意しておく
> ● ウェブサイトへのリンクを共有する場合は、研修の朝にリンクが正しいことを確認して、貼り付ける準備をする
> ● デスクトップをアプリケーションで共有する場合は、研修に必要のないその他のドキュメントやショートカットを必ずクリアにする

質問の不適切な取り扱い

　オンライン研修での質問は、テストのためではなく、参加者がコンテンツを学ぶために行われるものです。

　私が参加したほとんどの研修は、時間が不足していたか、1つの質問に多くの時間を費やしています。

　聞いているだけの時間が5分を超える場合、集中が途切れる人が増えます（NetFlixの新しい映画をチェックしているかもしれません）。

　たとえば、次のような工夫をすると良いでしょう。

・参加者がブレイクアウトルームで質問を検討する時間を確保する

　これにより、すべての人の参画できるようになり、無効な質問や別の参加者が回答できる質問が除かれます。

・すでにとりあげられているコンテンツに関しては、参加者が「講師にたずねる前に他の参加者に3回質問する」ことを許可する

　これによってお互いに学びあうことができるとともに、講師による解説を短縮させることができます。

アンケートを実施しない

　アンケートは研修や授業でよく使用されますが、オンラインではあまり見かけません。私が参加したオンライン研修では、65%以上が、研修中のどの時点においてもアンケートを実施していませんでした。

　参加者が退屈していていないかをどうやって知るのでしょうか？
　参加者が何を吸収したのかをどうやって知るのでしょうか？

50人がログインしているとすばらしい仕事をしたように感じるかもしれませんが、研修の終わりにログアウトする時、部屋には11人しか残っていないかもしれません。時間を投資することに値しない場合、参加者はほんの数分でログアウトします。

　次の研修をさらに改善するために、参加者からのフィードバックを求めましょう。

プロデューサーのミス

プロデューサーとは

　プロデューサーは、オンライン研修の前、実施中、および終了後に多くの技術的サポートと進行のアシストを担う人です。

　プロデューサーは、講師にかけがえのない支援を提供してくれます。講師がコンテンツと参加者に集中できるように、舞台裏でセッティングをしてくれるのがプロデューサーなのです。

　オンライン研修のプロセスの中で、プロデューサーが注意を払ったり、もし何かあった時には対処したりする必要があることがいくつもあります。そして、**プロデューサーが対処しなければ、それは致命的なミスとなり得ます。**

　以下では、プロデューサーのミスをもとに、プロデューサーが負うべき役割、責任を見ていきましょう。

存在しない

　プロデューサーが不在のまま、オンライン研修を開始しなければならないというのは、悲惨な結果をもたらす可能性があります。特に、実行するタスクが複数ある場合は、講師はストレスを抱えることになってしまいます。

　また、講師がサポートを期待している時にプロデューサーが不在であったり、連携がうまくいかなかったりすると、講師だけでなく、参加者を困惑させることにもなるでしょう。

　開始時刻の１時間以上前からスタンバイし、30分以上前にログインし

ましょう。

回線を開かない

　プロデューサーは、参加者がログインするかなり前に回線を開く必要があるだけでなく、VoIP（39ページ参照）が停止した場合に回線をすばやく切り替える方法を知っておく必要があります。

　インターネット回線やプラットフォームの問題のために参加者が正常に接続できないことは、すべての人にとって致命的です。
　研修前や進行中のトラブルに対処できるよう、前もって計画をしてください。
　また、しばらくの間、実施機会がなかった場合は、プラットフォームについて簡単に復習することをお勧めします。

事前にメディアをテストしない

　早めにログインし、スライドが読み込まれ、研修で使用される可能性のあるほかのメディアが正しく機能していることを確認するのは、プロデューサーの役割となります。
　事前に計画を立て、技術的なトラブルシューティングを少し行うだけで、後で多くの時間を無駄にせずに済むのです。

プラットフォームがわからない

　プロデューサーは技術的な専門家であり、基本的な質問に答えたり、さまざまなツールの簡単なトラブルシューティングを行ったりできるように、プラットフォームとテクノロジーを十分に理解している必要があります。
　各プラットフォームには独自のユーザーガイドがあります。プロデューサーはこれのコピーを手元に置き、すぐに答えを提供する準備を整えてお

きましょう。

　プロデューサーがすぐにタイマーを設定したり、ブレイクアウトルームに送り込んだりすることができない場合、参加者の集中は、研修のコンテンツではなくテクノロジーに集まり始めます。
　可能な場合は、事前にツールのアクセス許可を割り当て、ブレイクアウトルームを設定するのも良いでしょう。

　また、連絡先のリストに、組織のITサポートやプラットフォームのカスタマーサポートの電話番号等を登録し、何かあった際はすぐにサポートを求められる状態にしておきます。

録画を忘れる

　今後のために、研修を記録する必要があります。
　もし、プロデューサーが録画を忘れた場合、これはすべての人にとって問題になるかもしれません。
　そのため、研修が始まる前に録音・録画を開始し、セッション全体にわたって続けることをお勧めします。不要な部分は後で編集すれば良いのです。

　編集時間を節約するために、休憩時間に録画を一時停止することがあるかもしれません。しかし、もう一度録画をするのを忘れてしまい、この「ショートカット」が逆効果となってしまったことがありました。

　得た教訓──「とにかくすべて録画」。
　編集を計画することは、編集するものがまったくないよりも優れています。
　（訳注：プログラムや組織によっては録画ができない場合もあります。ルールにしたがいましょう）

チャットの質問に答えない

　質問がチャットに投稿されたが、講師が反応しない場合、その質問を講師に知らせる必要があります。**プロデューサーは、同じ質問を講師に、非公開のチャットなどで知らせます。**

　参加者がプロデューサーに個人的なチャットを送信してきた場合、プロデューサーはその質問にすばやく回答する必要があります。

　質問は、保留中の電話のようなものです。時々チェックして状況を伝え、参加者が無視されたと思わないようにします。

　失敗例のひとつとして、**「質問を受けて、すぐに答えを探し始めたけれど時間がかかってしまった」** という経験があります。見逃されていると感じさせてしまい、調べている間に、その人から再度メッセージが届いてしまったのです。

　プロデューサーは、参加者に、「今、何をしているか」を知らせるとともに、対応に必要な時間の目安を知らせるようにします。すると、参加者は安心するでしょう。

状況対応ができない、していない

　参加者が休憩や昼食から戻ってこない場合は、電話をかけるかメールを送信して、問題がないかどうかを確認してください。
　プロデューサーが参加者のニーズに応えない場合、その影響は研修全体に直接反映されます。

　評価（アンケート）には、プロデューサーの能力、および参加者を支援する姿勢に関連する質問を１～２個加えると良いでしょう。

主体性の欠如

　プロデューサーを細かく管理し、すべてについて具体的で詳細な指示を伝えなければならない場合、講師には別のレベルのストレスがかかります。プロデューサーには主体性が必要です。そして信頼される人でなければなりません。

　講師の音が聞こえず、ログアウトしてから再度ログインする必要がある場合、プロデューサー自身が参加者をアクティビティに導く必要があります。そうすれば、大したことにはならず、待つ時間が発生せずに済むでしょう。

集中していない

　プロデューサーのタスクの間には非常に多くの自由な時間があるので、プロデューサーは楽な仕事であると思う人もいるかもしれません。しかし、それは勘違いです。

　プロデューサーには、次のような仕事があります。

- ・タイミングを見極め、将来の参照用にスクリーンショットを保存する
- ・ホワイトボードに表記を追加する
- ・ホワイトボードスライドを保存する
- ・ホワイトボード用のツールで参加者を支援する
- ・講師が要求した他のタスクをしながら、投票などの設定をする

　プロデューサーが集中していないと、ホワイトボードやチャットにメモを貼り付けたり、アプリケーションを起動したりすることが遅れたり、質問への回答を怠ったり、ブレイクアウトルームの設定が遅れたりといったトラブルが起きてしまうのです。

　また、研修後に講師と共有するために、プロデューサーは常にメモをとる必要がある点も忘れないでください。

上司のミス

研修における上司の役割

上司は、学習が行われるかどうかに大きな影響を与えます。

そもそも、上司がその人をオンライン研修に参加させないことを選択した場合、その人の参加資格は失われます。また、参加させる場合は、その人は仕事に戻ることができません。

オンライン研修での上司の役割は、参加者が研修を受講して学ぶプロセスをサポートし、研修中に参加者の気を散らすものを最小限に抑え、安心して学べる環境を提供することです。

また、テクニカルな面での責任者でもあり、システムとファイアウォールが正常に機能するようなサポートを提供することも必要です。

ただし、参加者の学習プロセスを台無しにしてしまった場面を今まで度々見てきました。

以下では、上司の致命的な失敗のいくつかを紹介します。

講師への批判

コンテンツや講師について否定的な意見を共有し、「出席することすら馬鹿げている」と感じさせると、研修の成果をつぶしてしまいます。研修はまだ始まっていないのに、すでに参加者はそこにいたくないと思っているのです。

上司の否定的な意見によって、講師の仕事がより困難になります。

これは、テクノロジー以外の障壁を、追加でつくっているようなものです。

割り込み

　研修開始後、最初の30分に10通の電子メールを受信し、すべて優先度が高いマークが立っていた――この場合、参加者が研修の場からいなくなるのは明らかです。
　これは、研修会場のドアを10回ノックして、同じ参加者に話しかけるようなものです。

　研修がオンラインであり、参加者がメールにアクセスできるからといって、回答や返信ができるとは限りません。
　インタラクティブな研修では、メールに対応する時間がほとんどなく、参加者はずっと学習し続けていることを忘れてはなりません。

フォローアップしない

　研修終了後、上司が、参加者のアクションプランや学習の実施方法に関するアイデアについて話し合うためにフォローアップすることは、めったにないようです。これでは、参加者の行動変容につなげることは難しくなります。

　何を学んだかについて説明を促し、参加者の姿勢が主体的なものとなるよう、上司には参加者に対して働きかけてもらいたいものです。

参加者を監視する

　近くで監視を続けることで、参加者の学習が加速するわけではありません。上司が、参加者の周囲を何度も歩くと、監視されているように感じるかもしれません。すると、緊張が高まり、定着率が低下し、学習への参画が低下します。
　離れて、彼らに呼吸をするスペースを与え、リラックスして学ぶ環境を

つくり出しましょう。

　参加者が、スライドに表示されたバスケットのイラストに何かを書き込んでいる理由を聞かないでください。それがすべて学習プロセスの一部であることを覚えておきましょう。

複数の参加者で共有する

　節約のために、1台のパソコンから複数名が参加するような状態は、望ましくありません。1人が参加している時、ほかのメンバーは、その場から離れるようにしましょう。

　1人ひとりがそれぞれの端末からオンライン研修に参加できるようにしましょう。

　彼らに彼ら自身のホワイトボードを描いて、彼ら自身のブレイクアウトルームで話をしてもらいます。学習するチャンスは、主にこうした場で起きる相互作用によって得られるのです。

参加者のミス

参加者の準備を整えるには

　学習を効果的に進めるうえで、参加者自身の関与、集中力、学習能力、および動機づけは、とても重要な役割をはたします。また、参加者自身の経験、知識、スキル、能力を持ち込むことで、オンライン研修が活性化するでしょう。

　参加者は、オープンな気持ちで、リラックスした状態で参加し、吸収する姿勢を維持する必要があります。

　以下で、今までに遭遇した参加者の失敗をいくつか見ていきましょう。

遅刻

　サーバーの速度やストリーミングの遅れはもちろんのこと、プラットフォームの起動やログインにも時間がかかります。

　参加者には、少なくとも15分前にログインし、コーヒーをもう1杯飲む前に、音声の設定を完了するように促します。ギリギリの時間でログインすると、ツールの練習の場面に参加できず、プロデューサーの貴重な時間を使い果たしてしまうことになります。

　出遅れてしまうと、内容をキャッチアップするために負荷が高まることを、事前に知らせておきましょう。

社交家

　プライベートなチャットを送信したり、皮肉を言ったりすることは、オンライン研修ではタブーです。これは、グラウンドルールとして設定し、伝えておくことで防ぐようにしましょう。

　ほとんどの人は正しいことをしたいと思っていますが、彼らを導く明確なルールがなければ、困難になることもあります。

　参加者にも自己責任がありますので、講師とプロデューサーは厳格に取り締まる必要はありません。しかし、一部の参加者が他の参加者に不快な思いをさせ続けないように、状況を見守り、グループ分けを適宜変更しましょう。

切断または無反応

　参加者中心の研修に参加する場合、投票したり、考えを書き込んだり、手を挙げたりしない「ゆうれい」になる参加者が現れる可能性があります。

　こうした参加者は、プロデューサーと1対1でやり取りをする状態をつくりましょう。

　たとえば、次のような質問をすると効果的です。

「ツールバーが機能していないようです。何かお手伝いできることはありますか？」

　もうひとつのテクニックとしては、**チームリーダーを選択する**ことです。チームリーダーが参加者に働きかけることによって、状態の変化が期待できます。

　なお、チームリーダーの決定に時間がかかりすぎることは、講師よって「○○な人がリーダーです」と指定することで回避できます。

クレーマー

　参加者の中にはオンライン研修の問題点（再生する音楽、使用するツールなどについての質問）を常に見つけようとする人がいます。間違ったことはないかと探し続ける、講師とプロデューサーの進行を邪魔するものを見つけようとする、そんなスタンスです。

　この人たちが発言することによって、仲間の学習機会を奪ってしまう可能性もあります。

　このような参加者に対しては、フィードバックを全員に共有しないように優しく頼むと良いでしょう。また、最後にフィードバックの機会があることを知らせることも役に立ちます。

集中力の欠如

　ログインしてからコンピュータから離れて用事を済ませたり、シャワーを浴びたり、子どもを怒鳴ったり、犬を入浴させたりする参加者がいると、全体の集中力が下がります。

　「これらのことを止めるために何ができるか」を私にたずねてきたクライアントがいました。

　また、別のクライアントは、「参加者が子どもたちの世話をしながら研修に参加し、子どもたちを怒鳴り、牛乳が床にこぼれる場面を見ることになった」などと、35分間も話していたこともありました。

　オンライン研修への参加を邪魔する要素はこんなにたくさんあるのです。

　対処法として、5分間に1回の巻き込みを設計します。そして、さまざまな誘惑に邪魔されることなく、集中力を持続できるオンライン研修を実現しましょう。

　私がミネソタ州からはじめてウェビナー（オンライン研修）を行ったの
は、もう20年以上も前のことで、その時にはアジアからの参加者もいま
した。準備を終え、とにかくテクニカルなトラブルが起きないように、と
祈る気持ちでした。テクニカルなトラブルさえ起きなければ、うまくい
く、と思っていました。実際、テクニカルなトラブルは起きませんでした。
　ですが、とても苦痛な2時間になってしまいました。なぜなら私がずっ
と講義し続ける2時間にしてしまったからです。
　本書をお読みいただいたみなさまには、絶対にそういうことは起きない
と確信しています。オンライン研修で参加者のエンゲージメントを高める
ことは、成功への秘訣です。

　監訳者の中村文子と私は、10年以上、ボブ・パイク・グループを通し
て仕事をともにしています。私たちは著書に書くこと、創り出すアクティ
ビティなどすべてにおいて、常にそれを学ぶ講師の方々が取り入れやす
く、実践しやすいものにしたいという共通のゴールをもっています。
　どのプラットフォームを使用しても、本書の内容、テクニック、アクテ
ィビティがみなさまの研修をより楽しく効果的なものにすることのお役に
立てるよう願っています。

　本書の初版は2010年に出版しました。それは研修業界においては先駆
的な内容で、オンライン研修について書かれた本はまだほとんど存在しな
かったため、オンライン研修に関して業界をけん引するリーダーとして知
られることになりました。
　そして今回、監訳者の中村、翻訳の足立美穂さん、日本能率協会マネジ
メントセンターの柏原里美さんをはじめ、みなさまのお力をお借りして、
ここに第2版の日本語版を日本のみなさまにお届けできることを大変嬉し
く思っています。
　本書の内容を実践していただくことで、日本のオンライン研修で参加者

のエンゲージメントを高め、参加者をワクワクさせ、そして学びの実践につながることを願ってやみません。

　オンライン研修は、対面での集合研修とはまったく違ったものに思えるかもしれませんが、本書の内容を活用していただければ、きっと結果につながると思います。

　研修を取り巻く環境は新しいものへと変化しました。そんな中で本書を手に取り、みなさんがオンライン研修において前進するためのサポート役として選んでくださったことを感謝します。

　20年以上にわたるオンライン研修経験の中で、「参加者主体」の研修手法は、オンライン研修において有効であると確信しています。みなさまがこの手法を取り入れ、講師としてさらなる成長を遂げられることを願っています。

　本書をお読みいただき、本当にありがとうございます。今後、ますます楽しいオンライン研修を一緒に創り出していきましょう！

God Bless and Best Wishes to you all.

Becky Pluth

　2014年にASTD（現ATD）のカンファレンスに出席した時のこと、
「あなたはどんな仕事をしているの？」
　と質問されました。
「日本でトレーナーとして年間100日くらい研修を実施していて、出張
の毎日を過ごしている」と言うと「オンライン研修はやらないの？」とま
た質問が飛んできました。私がうまく答えられずにいると、「日本は集ま
ろうと思えば集まれる距離感なのね」と彼女は助け船を出してくれました
が、その時の私は
「オンライン研修？？？？」
　と頭の中は「？」でいっぱいだったのです。
　当時の私は、「通信教育みたいなものかな」と思い浮かべていました。
　彼女はさらに「今は日本ではオンライン研修は実施されていないのかも
しれないけれど、きっとその時代が来るから、あなたは勉強するべきだと
私は思うわ」とアドバイスをしてくれました。
　その後、「うちにはテレビ会議システムがあるんですが、それを使って
研修をしてくれませんか？」と相談してくれたクライアントの若手社員に
対し、集合研修実施後のフォローアップ研修をテレビ会議で実施すること
になりました。16時から17時という疲れが出る時間帯に集まった若手社
員が、「職場から参加できていい機会だった、毎月やって欲しい」と終了
後のアンケートで答えていたと聞いて、驚きました。
　この経験によって、「アメリカでアドバイスしてくれた彼女はこういう
ことを言っているのかな」と、現実的なイメージにつながりました。

　またある時、研修に参加していた時短勤務の社員から「私はこの研修に
参加するために４時30分に起きて支度して、子どもを実家に連れて行っ
て、そして４時間研修を受けるために移動して、『遅れてごめんなさい』
『早退して申し訳ありません』と８時間研修を受けているみんなに言わな
くてはならず、さらにまた帰ったら家族にも謝らなければいけないような

状態で……正直なところ、研修の内容は頭に入ってきません。テレビ会議でやってください」と腕をガシッとつかまれて、切々と訴えられたことは、今も私の心に残っています。

　2021年現在、オンライン研修は感染予防対策ということで一気に広まり、利用されていますが、今後の教育、人材育成、人材開発に欠かせないものとして定着して欲しいと願っています。
　それは、オンライン研修が、「学びたい」「成長したい」と願っていても、「諦めざるを得ない」「無理をしなければならない」という人にとっては救いの手段でもあるからです。
　また、本来、学びが定着するには、一気にインプットするのではなく、少しずつ時間をかけることも必要です。集合型では難しかったことが、オンラインを利用することによって、短時間の学習を定期的に行うようなカリキュラムを組むことが可能になり、ラーニングをイベントではなくプロセス、ジャーニーとしてデザインすることができるようになります。
　オンライン研修のアクティビティはそのプロセスのひとつの要素であり、ツールですが、ぜひ目的や状況に合わせて取り入れてみてください。

　また、オンライン研修の内容を検討する際に、「アクティビティどうしよう」と悩む時間を苦しく感じる方もいらっしゃるかもしれません。ベッキーのアイデアによって、「こんなことやってみようかな」という気持ちを感じていただけたら幸いです。

2021年3月
足立美穂

•••• 監訳者おわりに ••••••••••••••••••••

　本書の出版を検討していた時、翻訳はこの人しかいない、と真っ先に浮かんだのが、本書を翻訳してくださった足立美穂さんです。

　足立さんは、私自身が2020年春にオンライン研修に着手した時から、プロデューサーとして本当に心強いサポートをし続けてくれています。本書と同時出版の、ボブ・パイク氏との共著『オンライン研修ハンドブック』も、プロデューサーとして足立さんの存在がなかったら、実現しませんでした。この1年、こんなに凝縮してオンライン研修を実施し、経験を蓄積することができ、本にまでまとめることができたのは、プロデューサーとして足立さんが助けてくれたおかげです。本当にありがとうございました！

　そして、2冊同時という大変なプロセスを経て本書を世に出してくださった、日本能率協会マネジメントセンターの柏原里美さん、デザイナーの玉村幸子さん、ありがとうございました。

　みなさまが本書を活用し、「オンライン研修なのに楽しかった！」という経験をどんどん増やしていただけることを願ってやみません。

2021年3月
ダイナミックヒューマンキャピタル株式会社
中村文子

監訳者　中村文子　Ayako Nakamura

ダイナミックヒューマンキャピタル株式会社　代表取締役
ボブ・パイク・グループ認定マスタートレーナー

神戸市外国語大学を卒業。P&G、ヒルトンホテルにて人材・組織開発を担当後、2005年にダイナミックヒューマンキャピタルを設立。クライアントは製薬、電機メーカー、保険・金融、ホテル、販売・サービス業、さらには大学・学校と多岐にわたる。「世の中から、退屈で身にならない研修を減らす」ことをミッションに、講師・インストラクター・社内講師養成、研修内製化支援に注力。教育制度構築、階層別研修、コミュニケーションスキル研修などの分野でも活動中。著書に『講師・インストラクターハンドブック』『研修デザインハンドブック』『研修アクティビティハンドブック』『研修ファシリテーションハンドブック』（いずれも日本能率協会マネジメントセンター）、「SCORE! Super Closers, Openers, Revisiters, Energizers Vol. 3」（共著、Creative Training Productions LLC）。

ダイナミックヒューマンキャピタル株式会社
https://www.d-hc.com/

訳者　足立美穂　Miho Adachi

APTD（Associate Professional in Talent Development）
Adobe Captivate Specialist
国家資格キャリアコンサルタント

金沢大学教育学部高等学校教員養成課程卒業　兵庫県在住。
2001年より企業研修講師、キャリアコンサルタントとして活動。その間、海外の人材開発カンファレンスやバーチャルトレーニングへの参加、オンデマンドコンテンツの受講などを経て、オンラインに興味を持つようになり、2019年よりオンラインラーニングに活動の領域を転換する。
現在はオンラインラーニング全般のコンサルティング、バーチャルトレーニング（オンライン研修）プロデュース、オンデマンドコンテンツ制作支援、海外制作コンテンツのローカライズに携わっている。

LinkedIn プロフィール
https://www.linkedin.com/in/miho-adachi-20190522/

合同会社エムプラスラボ　ホームページ
https://www.mplus-lab.com/

著者　ベッキー・パイク・プルース　Becky Pike Pluth
The Bob Pike Group CEO

ボブ・パイクの娘。教育学の修士号を取得後、企業での人材育成に従事。ターゲット・コーポレーションなどフォーチューン500に名を連ねる企業での経験を経て、現職。
戦略立案、組織変革マネジメント、ビジネスオペレーションやプロジェクトマネジメントなど、ありとあらゆる研修デザインにクリエイティブ・トレーニング・テクニック（ボブ・パイクの参加者主体の研修手法）を採用し、研修企画・デザインにおいてもトレーニングの実践においても非常に大きなインパクトのある成果を残しているプロフェッショナルトレーナー。
Training Magazine が2012年に選んだ「40歳以下のトップ40名」に選ばれた。

オンライン研修アクティビティ

2021年3月30日　　　初版第1刷発行
2021年5月30日　　　第2刷発行

著　　者——ベッキー・パイク・プルース
監 訳 者——中村文子
訳　　者——足立美穂
　　　　　　　©2021 Ayako Nakamura, Miho Adachi
発 行 者——張 士洛
発 行 所——日本能率協会マネジメントセンター
〒103-6009　東京都中央区日本橋 2-7-1 東京日本橋タワー
TEL　03(6362)4339(編集)／03(6362)4558(販売)
FAX　03(3272)8128(編集)／03(3272)8127(販売)
https://www.jmam.co.jp/

装丁、本文デザイン——玉村幸子
ＤＴＰ————————株式会社明昌堂
イラスト————————玉村幸子
印 刷 所————————広研印刷株式会社
製 本 所————————株式会社三森製本所

ISBN 978-4-8207-2885-6　C2034
落丁・乱丁はおとりかえします。
PRINTED IN JAPAN

オンライン研修ハンドブック

退屈な研修が「実践的な学び」に
変わる学習設計

中村文子、ボブ・パイク著
A5判並製、360頁

世界30カ国12万人が学んだ「参加者主体の研修」をオンラインで行うために必要なインストラクショナルデザイン、ファシリテーション、運営・デリバリーのポイントを網羅。オンライン学習の新常識。

日本能率協会マネジメントセンター